股票实战
技术指标解析

韦铭锋◎著

经济管理出版社
ECONOMY & MANAGEMENT PUBLISHING HOUSE

图书在版编目（CIP）数据

股票实战技术指标解析/韦铭峰著. —北京：经济管理出版社，2018.6
ISBN 978-7-5096-5761-4

Ⅰ.①股…　Ⅱ.①韦…　Ⅲ.①股票投资—基本知识　Ⅳ.①F830.91

中国版本图书馆 CIP 数据核字（2018）第 082683 号

组稿编辑：勇　生
责任编辑：勇　生　王　聪
责任印制：黄章平
责任校对：董杉珊

出版发行：经济管理出版社
　　　　　（北京市海淀区北蜂窝 8 号中雅大厦 A 座 11 层　100038）
网　　址：www. E-mp. com. cn
电　　话：(010) 51915602
印　　刷：三河市延风印装有限公司
经　　销：新华书店
开　　本：720mm×1000mm/16
印　　张：13.75
字　　数：235 千字
版　　次：2018 年 8 月第 1 版　　2018 年 8 月第 1 次印刷
书　　号：ISBN 978-7-5096-5761-4
定　　价：38.00 元

前　言

　　当前我国股市成立的时间尚短，仍处在发展前期，所以能不断地吸引投资者投入资金进入股市。虽然我国股市还有很多不足的地方，但是如果投资者不能精通其中一样或多样技术分析的话，擅自进入股市将会导致资金的亏损，乃至于倾家荡产。

　　在股票市场中，存在着多种不同的技术分析指标和相关技术、技巧，但是经典之所以是经典，是因为人人都在用，本书要介绍给读者的技术分析指标如下：

　　（1）移动平均线（MA）指标。

　　（2）平滑异同移动平均线（MACD）指标。

　　（3）乖离率（BIAS）指标。

　　（4）布林线（BOLL）指标。

　　（5）心理线（PSY）指标。

　　（6）随机（KD）指标。

　　本书不仅详细地讲述了每个指标的传统形态含义与买卖技巧，还讲解了其不为人知的新的用法和新的操作技巧，以拓展投资者的视野。

　　如图0-1所示，很多人都知道"金叉买入、死叉卖出"，但在有的时候并不能保证盈利，如果按照图0-1中金叉买入的话，是买在高位，而死叉卖出是卖在低位，严重亏损，如果是"死叉买入、金叉看情况卖出"才能出奇制胜！

　　各种股票中的指标虽然多种多样，但经典的指标是有限的几个，俗话说得好，"贵精不贵多"，我们只要掌握好少数几个指标的技术和技巧就行了。本书就是让读者能熟练掌握经典指标的运用技巧，让读者快速进入技术分析的高手行列，并从中盈利！

图 0-1 移动平均线（MA）指标

目　录

第一章　移动平均线（MA）指标 …………………………………… 1

一、什么是 MA 指标 ………………………………………………… 1

二、MA 指标的参数与含义 ………………………………………… 5

三、MA 指标的特点 ………………………………………………… 11

四、MA 指标多头、空头排列 …………………………………… 18

五、MA 指标金叉、死叉 ………………………………………… 20

六、MA 指标银山谷、金山谷 …………………………………… 22

七、MA 指标黏合和发散 ………………………………………… 25

八、MA 指标慢速上升、快速上升、慢速下降、快速下降 …… 26

九、葛兰碧 MA 指标八大买卖原则 ……………………………… 29

十、牛市中 MA 指标操作指南 …………………………………… 31

十一、震荡市中 MA 指标操作指南 ……………………………… 32

十二、熊市中 MA 指标操作指南 ………………………………… 33

第二章　平滑异同移动平均线（MACD）指标 …………………… 35

一、什么是 MACD 指标 …………………………………………… 35

二、MACD 指标的含义 …………………………………………… 35

三、MACD 指标的特点 …………………………………………… 37

四、MACD 指标多头、空头排列 ………………………………… 41

五、MACD 指标的金叉、死叉 …………………………………… 42

六、MACD 指标黄白两线慢速上升、快速上升、慢速下行、

快速下行 ……………………………………………………… 44

七、MACD 指标黄白两线低位二次金叉 ⋯⋯⋯⋯⋯⋯⋯⋯⋯ 47

八、MACD 指标黄白两线高位二次死叉 ⋯⋯⋯⋯⋯⋯⋯⋯⋯ 48

九、MACD 指标黄白两线顶、底背离 ⋯⋯⋯⋯⋯⋯⋯⋯⋯⋯ 49

十、MACD 指标黄白两线向上或向下穿越 0 线 ⋯⋯⋯⋯⋯ 50

十一、MACD 指标红绿柱的长短变化 ⋯⋯⋯⋯⋯⋯⋯⋯⋯⋯ 52

十二、MACD 指标红绿柱的转换 ⋯⋯⋯⋯⋯⋯⋯⋯⋯⋯⋯⋯ 53

十三、MACD 指标红绿柱的顶、底背离 ⋯⋯⋯⋯⋯⋯⋯⋯⋯ 55

第三章 乘离率（BIAS）指标 ⋯⋯⋯⋯⋯⋯⋯⋯⋯⋯⋯⋯⋯ 57

一、什么是 BIAS 指标 ⋯⋯⋯⋯⋯⋯⋯⋯⋯⋯⋯⋯⋯⋯⋯⋯ 57

二、BIAS 指标的含义 ⋯⋯⋯⋯⋯⋯⋯⋯⋯⋯⋯⋯⋯⋯⋯⋯ 58

三、BIAS 指标的特点 ⋯⋯⋯⋯⋯⋯⋯⋯⋯⋯⋯⋯⋯⋯⋯⋯ 59

四、BIAS 指标多头、空头排列 ⋯⋯⋯⋯⋯⋯⋯⋯⋯⋯⋯⋯ 61

五、BIAS 指标的顶背离、底背离 ⋯⋯⋯⋯⋯⋯⋯⋯⋯⋯⋯ 62

第四章 布林线（BOLL）指标 ⋯⋯⋯⋯⋯⋯⋯⋯⋯⋯⋯⋯⋯ 65

一、什么是 BOLL 指标 ⋯⋯⋯⋯⋯⋯⋯⋯⋯⋯⋯⋯⋯⋯⋯ 65

二、BOLL 指标的参数与含义 ⋯⋯⋯⋯⋯⋯⋯⋯⋯⋯⋯⋯⋯ 69

三、BOLL 指标的特点 ⋯⋯⋯⋯⋯⋯⋯⋯⋯⋯⋯⋯⋯⋯⋯⋯ 72

四、BOLL 指标多头、空头排列 ⋯⋯⋯⋯⋯⋯⋯⋯⋯⋯⋯⋯ 80

五、BOLL 指标的长线操作指南 ⋯⋯⋯⋯⋯⋯⋯⋯⋯⋯⋯⋯ 82

六、BOLL 指标的短线操作指南 ⋯⋯⋯⋯⋯⋯⋯⋯⋯⋯⋯⋯ 85

第五章 心理线（PSY）指标 ⋯⋯⋯⋯⋯⋯⋯⋯⋯⋯⋯⋯⋯⋯ 87

一、什么是 PSY 指标 ⋯⋯⋯⋯⋯⋯⋯⋯⋯⋯⋯⋯⋯⋯⋯⋯ 87

二、PSY 指标低位金叉、高位死叉 ⋯⋯⋯⋯⋯⋯⋯⋯⋯⋯⋯ 90

三、PSY 指标低位二次金叉、高位二次死叉 ⋯⋯⋯⋯⋯⋯⋯ 92

四、PSY 指标的底背离、顶背离 ⋯⋯⋯⋯⋯⋯⋯⋯⋯⋯⋯⋯ 94

第六章 KD 随机（KD）指标 ······················· 99

一、什么是 KD 指标 ······················· 99

二、KD 指标的含义 ······················· 100

三、KD 指标的特点 ······················· 102

四、KD 指标的多头、空头排列 ······················· 108

五、KD 指标的金叉、死叉 ······················· 109

六、KD 指标低位二次金叉 ······················· 110

七、KD 指标高位二次死叉 ······················· 111

八、KD 指标的顶背离、底背离 ······················· 112

第七章 综合运用实战案例 ······················· 115

一、案例一——东方国信（300166） ······················· 115

二、案例二——文山电力（600995） ······················· 130

三、案例三——*ST 中富（000659） ······················· 141

四、案例四——经纬纺机（000666） ······················· 157

五、案例五——四川长虹（600839） ······················· 166

六、案例六——澳洋顺昌（002245） ······················· 178

七、案例七——*ST 中毅（600610） ······················· 193

后 记 ······················· 209

第一章 移动平均线（MA）指标

一、什么是MA指标

移动平均线（Moving Average），简称 MA。

它是以道琼斯的"平均成本概念"为理论基础，采用统计学中"移动平均"原理，将一段时期内的价格平均值连成一条曲线，以此来显示股票价格的历史波动情况，进而反映股价未来发展趋势的技术分析方法，是道氏理论的形象化表述。

该指标是由著名的美国投资专家葛兰碧（Joseph E.Granville）于 20 世纪中期提出来的，目的是帮助交易者确认现有趋势，判断即将出现的趋势，发现即将反转的趋势。

移动平均线指标的计算方法是将最近 N 个交易日的收盘价格之和除以 N，这个数值会随着最近的价格不断变化，所以被称为"移动平均线"，如 5 日的移动平均线简称 5 日均线。

以 5 日均线（简称 5M 或 5MA）为例。

假设最近十个交易日的收盘价分别为：10.01 元、10.12 元、10.13 元、10.25 元、10.11 元、10.00 元、9.98 元、9.90 元、10.17 元、10.27 元。

第五天的收盘价为 10.11 元，这一天的 5 日均线则是指当天的收盘价和之前四天的收盘价相加，一共是五天的收盘价，求出它们的总和再除以 5，所得到的数值。

即 $(10.01 + 10.12 + 10.13 + 10.25 + 10.11) \div 5 = 10.124$（元）

所以 10.124 元就是第五天的 5 日均值，如图 1-1 所示。

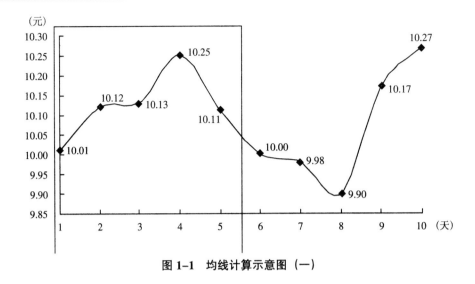

图1-1 均线计算示意图（一）

第六天的收盘价为10.00元，这一天的收盘价和之前四天的收盘价相加，一共是五天的收盘价，求出它们的总和再除以5，所得到的数值便是当日的5日均值，如图1-2所示。即

(10.12 + 10.13 + 10.25 + 10.11 + 10.00) ÷ 5 = 10.122 （元）

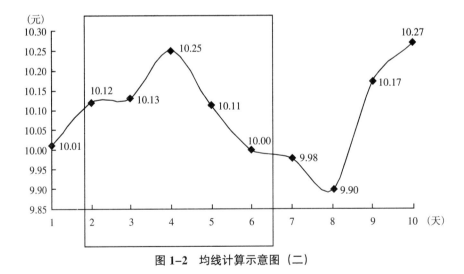

图1-2 均线计算示意图（二）

第七天的收盘价为9.98元，这天收盘价和之前四天的收盘价相加，它们的总和再除以5便得到当日的5日均值，如图1-3所示。即

(10.13 + 10.25 + 10.11 + 10.00 + 9.98) ÷ 5 = 10.094 （元）

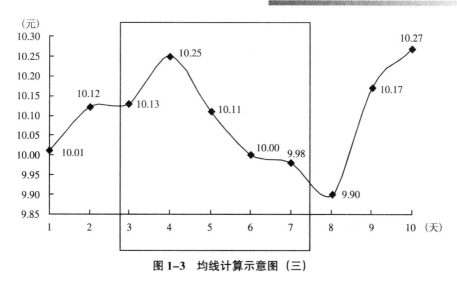

图1-3 均线计算示意图（三）

第八天的收盘价为9.90元，用同样的方法将第八天的收盘价、第七天的收盘价、第六天的收盘价、第五天的收盘价、第四天的收盘价相加，总和再除以5，就是第八天的5日均值，如图1-4所示。即

$$(10.25 + 10.11 + 10.00 + 9.98 + 9.90) \div 5 = 10.048 \ （元）$$

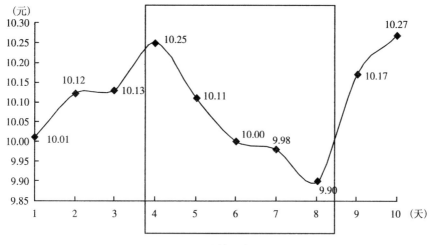

图1-4 均线计算示意图（四）

第九天的收盘价为10.17元，用同样的方法将第九天的收盘价、第八天的收盘价、第七天的收盘价、第六天的收盘价、第五天的收盘价相加，总和再除以5，就是第九天的5日均值，如图1-5所示。即

$$（10.11 + 10.00 + 9.98 + 9.90 + 10.17）÷ 5 = 10.032 （元）$$

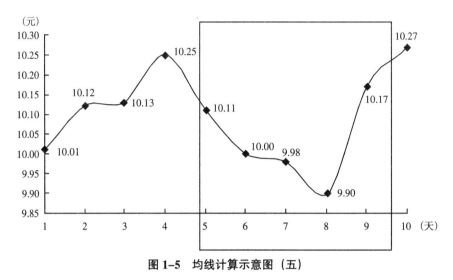

图 1-5　均线计算示意图（五）

第十天的收盘价为 10.27 元，将最近五天的收盘价相加除以 5，得出第十天的 5 日均值，如图 1-6 所示。即

$$（10.00 + 9.98 + 9.90 + 10.17 + 10.27）÷ 5 = 10.064 （元）$$

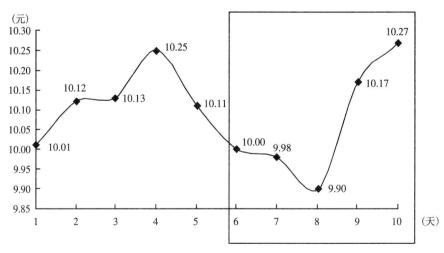

图 1-6　均线计算示意图（六）

将这几天的 5 日均值画在走势图上，就形成一条波动起伏的曲线，这条线就称为均线。5 日均值所走出的曲线便是 5 日均线，N 日均值走出的曲线便是 N 日均线。

图 1-7 显示了每日收盘价的走势及该走势的 5 日均线走势（图上粗黑线）。不同的均线有不同的含义与用途，有的人喜欢用 3 日均线，有的人喜欢用 5 日均线、10 日均线，也有的人喜欢用 20 日均线、60 日均线，甚至有人擅长于 120 日均线、250 日均线或更多天数的均线。

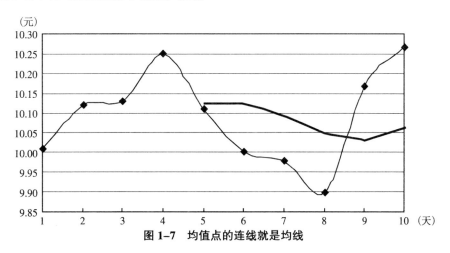

图 1-7 均值点的连线就是均线

二、MA 指标的参数与含义

MA 指标的参数是指参与计算的天数。如 5 日均线参与计算的天数是 5，20 日均线参与计算的天数是 20，所以 N 日均线的参数就是 N。

常用的参数有：5、10、20、60、120、250 等，由于参与计算的范围不同，每个参数的均线含义也各有不同。

下面分别举例说明。

一星期共有 5 个交易日，故 5 日均线又被称为"周均线"，如图 1-8 所示。

5 日均线是指当天价格和最近 4 天价格的平均，所体现的是最近 5 个交易日的平均价位，因此它的波动会比较大、比较敏感，适合短线投资者使用。

所谓短线投资者，是指不在乎股价长期走势，只看准短期获利的投资者。中线和长线投资者则跟他们不同，中线或长线投资者更看重中长期的走势，而不在意短期的波动。

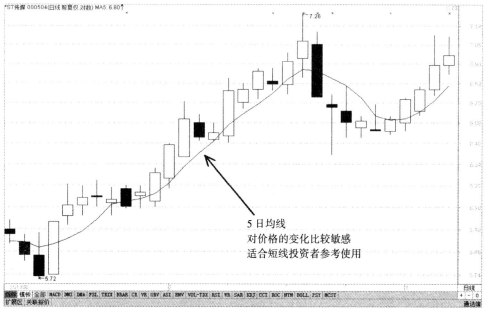

图1-8　5日均线又称周均线

10日均线是指当天价格和最近9天价格的平均，所体现的是最近10个交易日的平均价位，因此它的波动也较大、较敏感，通常是短线投资者必用的参考线之一。相对于5日均线，10日均线的稳定性更高些，如图1-9所示。

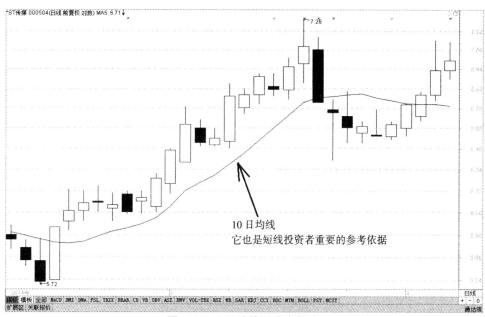

图1-9　10日均线又称半月线

一个月大约共有 20 个交易日，故 20 日均线又被称为"月均线"，如图 1-10 所示。

图 1-10 20 日均线又称月均线

20 日均线是指当天价格和最近 19 天价格的平均，所体现的是最近 20 个交易日的平均价位，因此它的波动没有 10 日均线大，也没有 10 日均线敏感，通常是中短线投资者使用的参考线之一。相对于 5 日均线，10 日均线的稳定性更高些。

一个季度约有 3 个月时间，所以 60 日均线又被称为"季均线"，如图 1-11 所示。

60 日均线是指当天价格和最近 59 天价格的平均，所体现的是最近 60 个交易日的平均价位，因为参与计算的天数较多，所以它的波动不大，不过于敏感，通常是中线或长线投资者参考的均线之一。相对于 5 日均线、10 日均线、20 日均线的稳定性更高，但它也有缺点，它不能捕捉到短线获利的机会，它更多用于寻找中线或长线获利的机会。

半年里约有 120 个交易日，所以该均线又被称为"半年均线"，如图 1-12 所示。

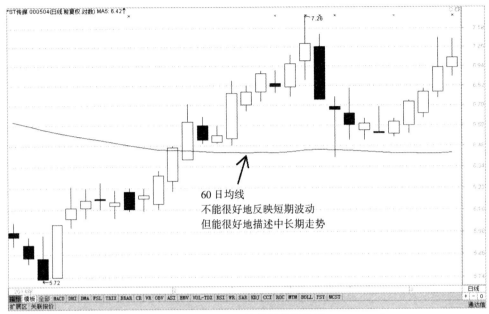

图 1-11　60 日均线又称季均线

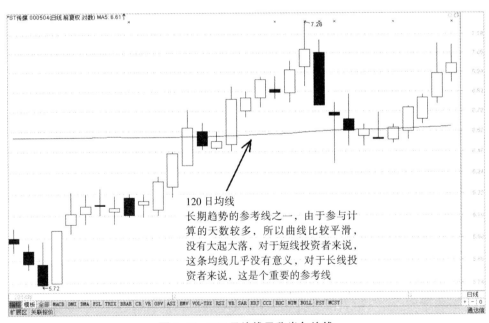

图 1-12　120 日均线又称半年均线

120 日均线是指当天价格和最近 119 天价格的平均值，因为参与计算的天数多，所以它的波动慢、不够敏感，通常是长线投资者参考的均线之一。相对于 5

日均线、10 日均线、20 日均线、60 日均线的稳定性更高。缺点也是捕捉不到短线获利机会，更多侧重于长线趋势的走向，大势的总体方向。

一年里约有 250 个交易日，所以该线又被称为"年均线"，如图 1-13 所示。

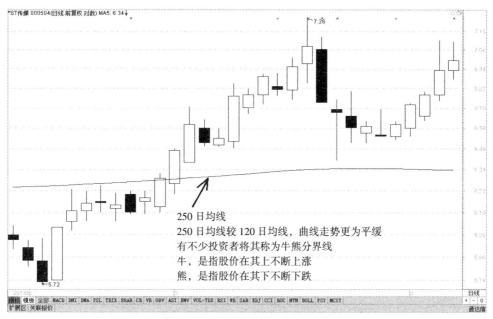

图 1-13　250 日均线又称年均线

250 日均线是指当天价格和最近 249 天价格的平均值，因为参与计算的天数非常多，所以它的波动十分缓慢，稳定性非常高，通常是长线投资者参考的均线，是用于区分大势走向的主要参考线，如果股价在其上不断上涨，则是牛市行情；如果股价在其下不断下跌，则是熊市行情。因此 250 日均线又被称为"牛熊分界线"。

下面我们来看一下 5 日均线、10 日均线、20 日均线、60 日均线、120 日均线、250 日均线在股价走势图上的表现，如图 1-14 所示。

股价在 250 日均线上，不断上涨，这就意味着牛市的开始，这一点很重要，只要股价在 250 日均线上，其他中期、短期均线上涨的概率才会随之增高。如果股价在 250 日均线之下，并不断下跌，那么其他中期、短期均线上涨的概率就变低了，如图 1-14 和图 1-15 所示。

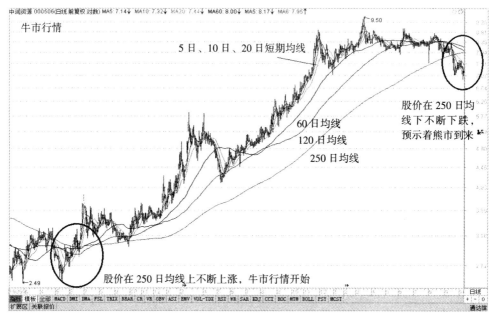

图1-14 各均线走势——多头排列

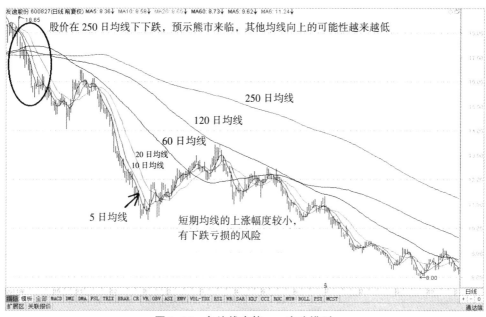

图1-15 各均线走势——空头排列

只有股价在250日均线上上涨时，股价短期、中期、长期上涨的概率才会增大。如果股价在250日均线下下跌时，股价后期上涨的概率便降低，这时就不适合持股或买入操作，而适合持币或卖出操作，以避免未来较大的下跌风险。

短期均线的走势预示了这只股票近期未来的行进方向，中期均线的方向预示的是中期的趋势走向，长期均线的走向预示了这只股票较大的趋势方向。

三、 MA 指标的特点

1. MA 指标的趋势性

5 日均线的走势反映的是最近 5 天的价格平均走向，所以它可以用来描述最近 5 天的股价趋势。如果是连续上涨的行情，短期均线也会持续地向上行走，形成一条较明显的上升趋势线，如图 1-16 所示。

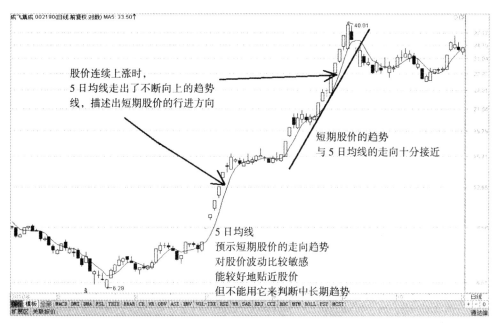

图 1-16　5 日均线所描述的短期趋势

10 日均线较平缓地反映了短期的股价趋势，虽然没有 5 日均线那样敏感，但它的作用较 5 日均线更大些，能捕捉到较大、较久的上涨行情，如图 1-17 所示。

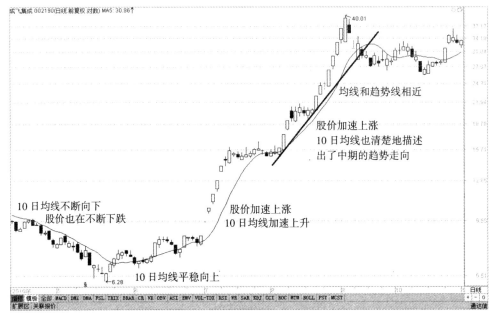

图1-17　10日均线所描述的短期趋势

20日均线较好地反映了这波中期上涨行情,虽然没能卖在最高点,但它能把握到一波持续时间长而大的行情。该均线近似一条倾斜向上的水平趋势线,如图1-18所示。

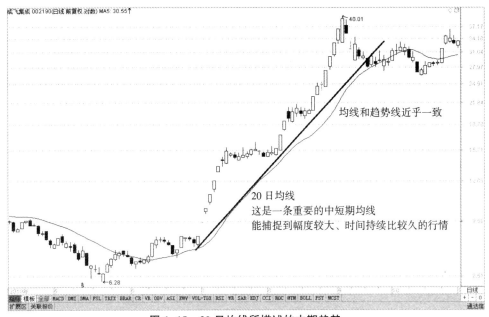

图1-18　20日均线所描述的中期趋势

看了几条短期均线后，再来看看长期均线的走势。图 1-19 所示的 250 日均线虽然没有及时地反映出股价的剧烈上涨，但股价是在它之上上涨的，这本身就为其他中短期均线提供了安全保障，以此为基础，中期均线上涨的概率增加了。随后，短期均线也随之上涨，共同促成了这波暴涨行情。

图 1-19　250 日均线所描述的长期趋势

2. MA 指标的稳定性

MA 指标具有稳定性，是因为它的计算公式是算术平均，所以在偶尔的高价或低价出现时，它不会出现过于明显的变化，除非这些高价或低价连续出现。

MA 指标不会因为少数几天的大幅变动而改变原有的趋势，这就说明均线有很好的容错性和稳定性，也是为什么很多投资者都喜欢使用 MA 指标的原因，如图 1-20 所示。

3. MA 指标的滞后性

MA 指标具有很好的稳定性，但有时这也是 MA 指标的缺点。

图 1-21~图 1-23 分别显示了 5 日均线、10 日均线、20 日均线的滞后性，这跟均线指标的算法有关。参与计算均值的天数越少，每天股价的权重也就越高；而计算均值的天数越多，每天的权重也就越低。

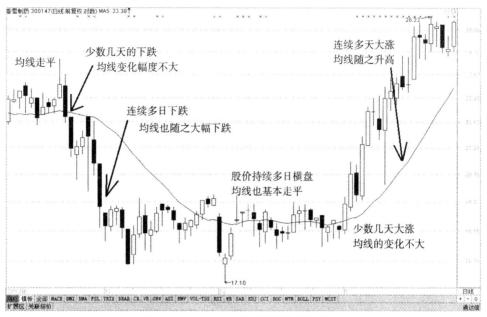

图1-20　250日均线所描述的长期趋势

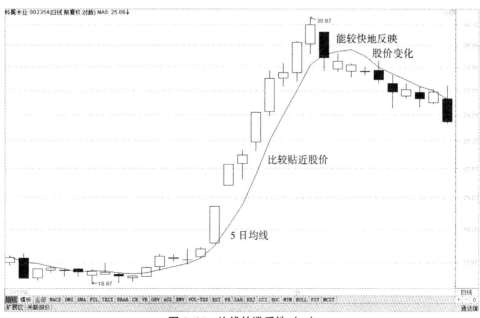

图1-21　均线的滞后性（一）

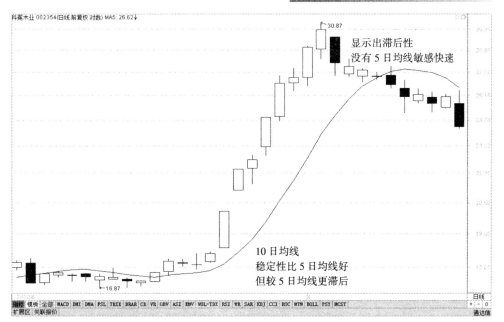

图 1-22　均线的滞后性（二）

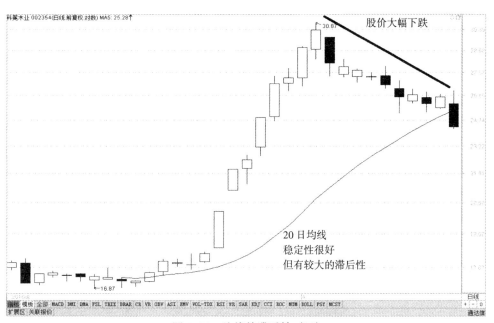

图 1-23　均线的滞后性（三）

权重越高，第二天的价格对均线的影响就越大；权重越小，第二天的价格对均线的影响就越小。

稳定性和滞后性同时存在，不可分开。

4. MA 指标支撑助涨性

股价在均线仍向上的时候回调，但接近或触及该均线时，反而转头向上，这就说明股价得到了该均线的支撑，使股价没有再继续下跌，如图 1-24 和图 1-25 所示。

图 1-24　均线的支撑助涨性（一）

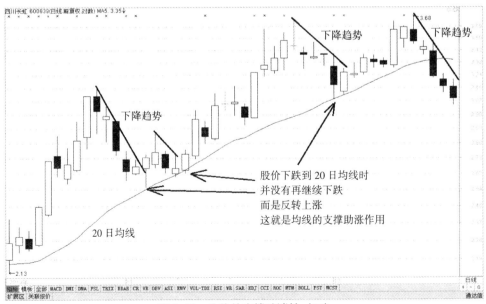

图 1-25　均线的支撑助涨性（二）

5. MA 指标压制助跌性

股价在均线向下的时候反弹，但触及该均线时，没有站上该均线之上，反而在其后的几个交易日连续下跌，这就说明股价失去了上升动力，受到了该均线的压制，使股票价格没有能力再往上涨，随后不断下跌，如图 1-26 和图 1-27 所示。

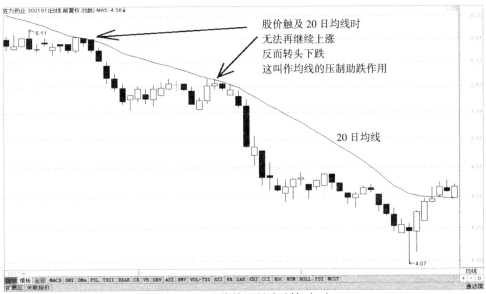

图 1-26　均线的压制助跌性（一）

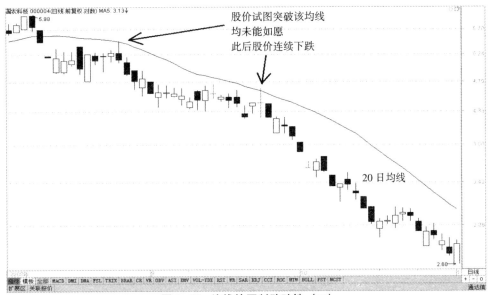

图 1-27　均线的压制助跌性（二）

四、MA 指标多头、空头排列

多头排列：短期、中期、长期均线从上到下依次排列的均线形态。多头排列为强势上升趋势，操作思维以多头买入为主。

空头排列：短期、中期、长期均线从下到上依次排列的均线形态。空头排列为强势下跌趋势，操作思维以空头卖出为主。

均线多头排列分为两种：一种是短期趋势的多头排列，另一种是长期趋势的多头排列。短期趋势的多头排列是指 5 日均线、10 日均线、20 日均线不断上涨，并且 5 日均线在 10 日均线之上，且 10 日均线又在 20 日均线之上。它预示了短线投资者纷纷看好股价将要上涨，不断地买入股票，促使行情不断走高，增加了短线获利的机会，如图 1-28 所示。

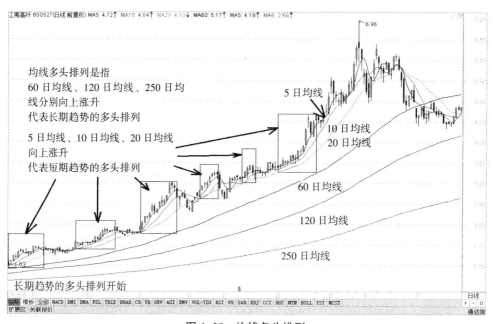

图 1-28　均线多头排列

长期趋势的多头排列是指 60 日均线、120 日均线、250 日均线不断上升，且 60 日均线在 120 日均线之上，120 日均线又在 250 日均线之上。它预示了中长线投资者已入驻或公司基本面得到好转而都看好后市，长线获利的机会也相应增加。

均线空头排列，也分为短期和长期空头排列两种类型。短期趋势的空头排列是指 5 日、10 日、20 日均线不断下跌，并且 5 日均线在 10 日均线之下，且 10 日均线在 20 日均线之下。它预示了短线投资者纷纷不看好这只股票而相继低价卖出手中的股票，促使行情不断走低，如图 1-29 所示。

图 1-29　均线空头排列

长期趋势的空头排列是指 60 日均线、120 日均线、250 日均线不断下跌，且 60 日均线在 120 日均线之下，120 日均线又在 250 日均线之下，代表了长期下跌的巨大风险，提示中长期投资者已经出局，股票已经失去了上涨动力，促使中小投资者相继低价卖出手中的股票，所以这种均线形态预示着后市不容乐观。

在多头、空头排列之间，均线之间还会出现一种相互交叉的形态。

五、MA 指标金叉、死叉

均线金叉是指天数多的均线转头向上，天数少的均线也转头向上并且穿越天数多的均线。图 1-30 和图 1-31 分别是 5 日均线向上穿越了 10 日均线，60 日均线向上穿越了 120 日均线。

均线的金叉意味着成本的不断抬高。如 5 日均线向上穿越 10 日均线，则意味着最近 5 日的平均成本要比最近 10 日的平均成本高，显示出一波短期的购买浪潮已经开始，随之而来的是股价的持续上升。

未来如果确实走好的话，均线将具有很好的支撑作用。

均线死叉是指天数多的均线转头向下，并且天数少的均线也向下跌穿了天数多的均线。图 1-32 和图 1-33 分别是 5 日均线向下跌破了 10 日均线，60 日均线向下跌破了 120 日均线的示意图。

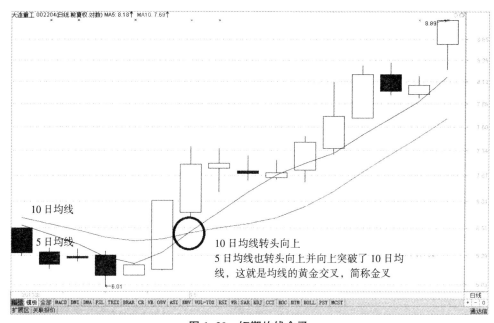

图 1-30　短期均线金叉

图 1-31　长期均线金叉

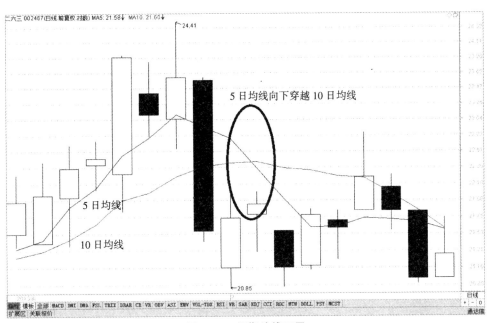

图 1-32　短期均线死叉

图 1-33　长期均线死叉

均线的死叉预示着持有者纷纷卖出手中的股票，不惜赔本也要卖出。如 5 日均线向下穿越 10 日均线，意味着最近 5 天的平均成本要比最近 10 天的平均成本低，显示出一波短期的抛售浪潮已经开始，随之而来的是股价的持续下跌。

如果未来行情确实走低的话，这条均线将具有很大的压制股价上升的作用。

六、MA 指标银山谷、金山谷

股票下跌经过一段时间的整理后，短期均线由下往上穿过中期均线和长期均线，中期均线由下往上穿过长期均线，从而形成了一个尖头朝上的不规则三角形。尖头朝上的不规则三角形的出现，表明多方已积累了相当大的上攻能量，这是一个比较典型的买进信号，所以人们形象地称为"银山谷"。银山谷是股价见底信号，是激进型投资者的买进点。

出现银山谷之后，即经过前期一段时间上涨后，股价又回落下来，然后股价重新上涨，短期均线由下向上穿过中期和长期均线，中期均线由下向上穿过长期均线，再次形成一个尖头向上不规则的"三角形"，如果这个三角形所处的位置与银山谷的位置相近或高于银山谷，那么这个三角形叫"金山谷"。金山谷可作为稳健型投资者的买进点，并且金山谷和银山谷相隔时间越长，所处的位置越高，日后股价上升的潜力越大。

图1-34所示的是均线的山谷形态，所谓山谷形态是指5日均线分别向上穿越10日、20日均线，见图1-34上点1和点2，随后10日均线也向上穿越了20日均线，见图1-34上点3。点1、点2、点3所围成一个尖头向上不规则三角形形状，这个三角形形状就被称为"山谷"形态。

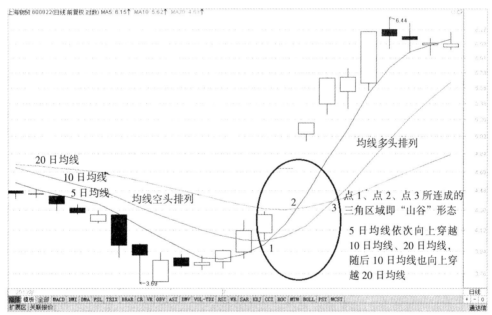

图1-34 山谷形态

股价在均线空头排列后，首次出现的均线山谷形态，又称为"银山谷"，如之后股价上涨一段时间后又下跌回调，然后出现一个相近或相对更高的"山谷"形态时，这时的山谷形态被称为"金山谷"。

如图1-35所示，点1、2、3初次形成的山谷形态，称为银山谷。点4、5、6也形成了山谷形态，较之前点1、2、3的位置更高，代表更好的买入机会已经到来，所以凡是在银山谷之后再出现一个更高的山谷形态，就被称为"金山谷"，投资价值比银山谷更高，故以金银类比命名。

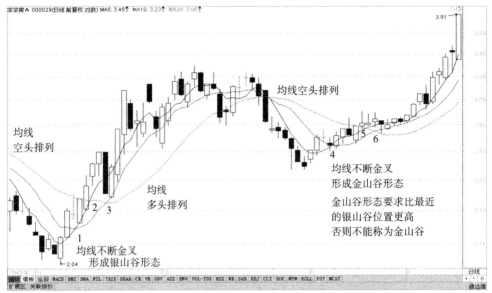

图1-35　银山谷和金山谷

银山谷虽然能买到低的价格点位，但趋势是否真的会反转向上还不好判断，在股价上涨了一段时间后，代表多头力量在加大，再回调时又跌得不多，表现出多头开始强于空头的态势。第二次出现较高位置的山谷形态时，才是较稳妥的买入点。两次金山谷形态之后股价都随之大涨，如图1-36所示。

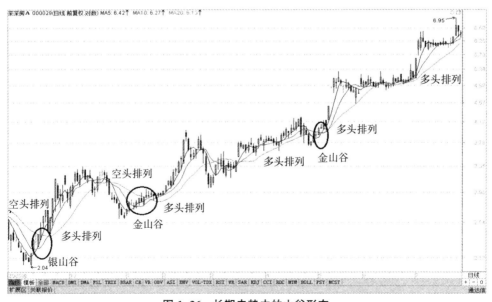

图1-36　长期走势中的山谷形态

七、MA 指标黏合和发散

均线黏合形态多出现在价格上下浮动不大、横盘震荡持续时间较长的行情中。代表行情窄幅震荡，未来是延续原有趋势还是反转趋势要视后续走势而定，如图 1-37 所示。

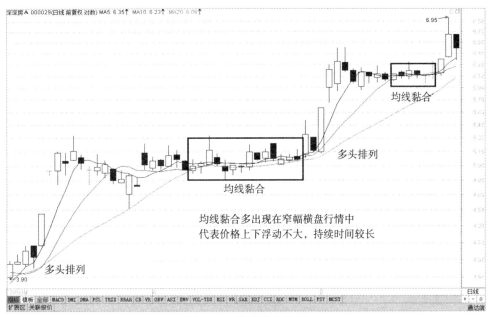

图 1-37 均线黏合扎堆

均线的黏合是指各条均线间的间隔距离越来越小，而均线的发散是指各条均线间的间隔距离越来越大，如图 1-38 所示。

均线黏合，行情越来越趋向于窄幅震荡，获利空间较小，持续时间较长。

均线发散，行情越来越趋向于单边市，如果是单边上涨行情的话，那未来获利的空间就大。但如果股价已处较高的位置，这种均线发散反而不利于投资者买入。

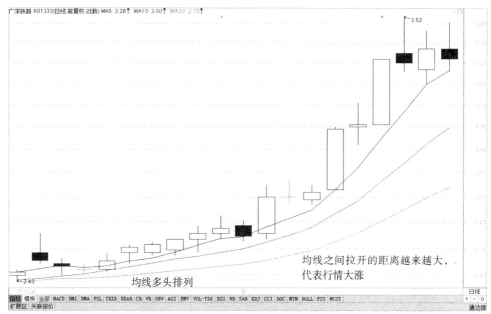

图 1-38　均线之间的距离拉开

八、MA 指标慢速上升、快速上升、慢速下降、快速下降

均线大体向上，但幅度不大，这样的均线形态就称为慢速上升形态。慢速上升是指股价开始缓慢上升，但上升幅度不大，是个较稳定的上升形态，如图 1-39 所示。

均线大幅向上，这样的均线形态称为快速上升形态。快速上升是指股价较之前的上升形态上升的幅度更大、更明显。

不管是慢速上升还是快速上升，都同时含有多头排列、空头排列、金叉、死叉等均线形态。

一般来说，起涨阶段以均线慢速上升开始，以均线的快速上升结束为结尾，然后转为均线慢速下降和快速下降，才能开始新一轮的上涨，如图 1-40 所示。

图1-39　均线的涨跌速度的快与慢

图1-40　均线快与慢的转换（一）

　　始跌段是以均线慢速下降开始，以均线的快速下降结束为结尾，然后转为均线慢速上升和快速上升，如图1-41所示。

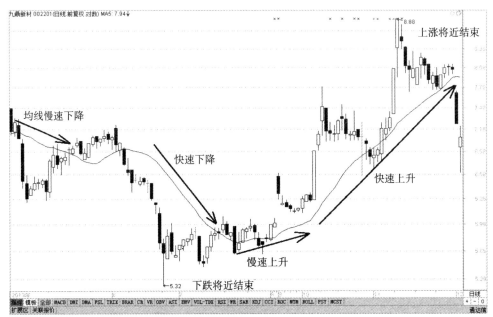

图 1-41 均线快与慢的转换（二）

快慢是相对的，再分高位和低位的话，就更复杂些。

高位出现均线慢速上升：表示多头行情即将到头，不宜看多看涨，宜卖出手中的股票，持币为好。

高位出现均线快速上升：表示多头行情即将到头，这波看上去很给力的大涨并不是很好的买入机会，而是带有风险的，所谓"飞得越高，跌得越惨"。

高位出现均线慢速下降：预示着上涨乏力，多头力度减小，适合卖出，避免出现大的亏损。

高位出现均线快速下降：显示大多数投资者纷纷亏本卖出手中的股票，也意味着卖出是唯一的选择。

低位出现均线慢速上升：表示趋势开始有反转向上的苗头，多头开始缓慢进场，但是否真的反转还要视后市走势方能确认，这只是个初步信号。

低位出现均线快速上升：表示多头行情已经开始，适合买入操作。

低位出现均线慢速下降：预示着空头力度在逐渐减小，适合持续关注，暂时不宜买入。

低位出现均线快速下降：显示空头发力下砸，如果力度够大的话，这有可能是一个很好的进场买入的机会，但同时也蕴藏着较大的风险，所以还是等到均线出现上升时再做打算比较稳妥。

九、葛兰碧 MA 指标八大买卖原则

美国投资专家葛兰碧（J.Granville，也有的译作葛兰维、葛南维）所创造的八项法则可谓经典，历来的均线使用者无不视其为至宝，八大法则中的四条是用来研判买进时机，另外四条是研判卖出时机。总的来说，均线在股价之下，而且又呈上升趋势时是买进时机，反之均线在股价之上，又呈下降趋势时则是卖出时机，如图 1-42 所示。

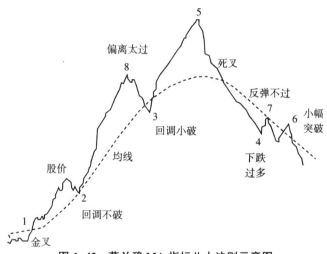

图 1-42　葛兰碧 MA 指标八大法则示意图

（1）均线从下降逐渐转头向上，股价从均线下方向上突破形成金叉，为买进信号。

（2）股价在均线上运行，回调时未跌破均线，说明该均线形成十分可靠的支撑，其后股价又确实不再下跌而再度上涨时，是第二次买进时机。

（3）股价之前在均线上运行，回调时发生死叉跌破均线，但均线仍呈上升趋势，说明整体还有一段涨幅，此时为买进时机。

（4）股价在均线下运行，连续下跌，距离均线又较远，极可能会向均线靠拢，所谓物极必反，此时是买进时机，但不宜期望过高。

（5）股价在均线上运行，连日大涨，距离均线越来越远，极有可能会回靠均线，随时会产生获利回吐的卖压，是卖出时机。

（6）均线总体向下，股价又再次向下跌破均线时说明卖压再次加重，是卖出时机。

（7）股价在均线下运行，反弹时接近均线但未能成功向上突破，是卖出时机。

（8）股价连续大涨多日，与均线拉开越来越大的距离，所以是个卖出信号，代表了随时可能出现的获利回吐卖出浪潮。

实际情况中，不是所有的八个买卖信号都会完整地呈现出来，它们可以几个或单独存在。图 1-43 所示的八个买卖原则除了原则 6 以外，全部都完整显示了出来。

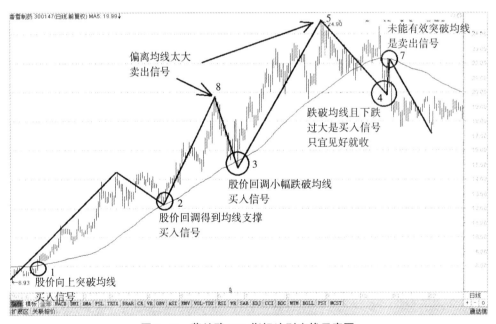

图 1-43　葛兰碧 MA 指标法则实战示意图

十、牛市中MA指标操作指南

所谓牛市是指股票市场中绝大多数的个股都在持续上涨。所能看到的是中、长期均线总是向上的，较多地出现均线多头排列形态，只有短期均线在上下震荡，但短期均线的总体趋势也是向上的。

牛市中，金叉买入的可靠性得到增强，得到均线支撑的买入信号也得到加强，甚至有时死叉也是很好的买入点。

图 1-44 所示的是某股的牛市行情走势图，用数字标识的是股价得到均线支撑的位置，在牛市中，得到均线支撑而上涨的概率在增加，但位置要注意，未大涨前得到均线支撑的可靠性要相对大涨后得到均线支撑的可靠性高，在高位得到均线支撑只适合短线操作，见好就收。

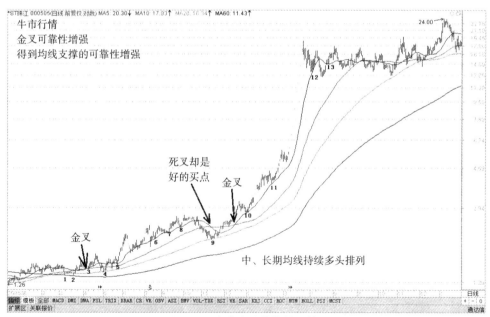

图 1-44　牛市中均线的使用技巧

金叉也同理，在股价低位金叉要优于高位金叉，因为高位金叉时说明行情已经上升了一段时间和空间，未来的行情时间和空间相对缩短。

十一、震荡市中 MA 指标操作指南

所谓震荡市是指行情不大涨也不大跌，基本走平的一种行情，或上下波动幅度非常大的行情走势。这时的均线波动会较滞后，较为适合反向利用均线的金叉、死叉。

震荡市中，金叉买入的可靠性减弱，死叉买入的可靠性反而增强。

图 1-45 所示的是某股的震荡行情走势，由于均线滞后和上下来回震荡的原因，均线大都来不及反映行情的变动，所以金叉未必是买入信号，同样死叉也未必是卖出信号。

图 1-45 震荡市中均线的使用技巧

有趣的是，这个阶段反而死叉是较好的买入信号，金叉是较好的卖出信号。

十二、熊市中 MA 指标操作指南

所谓熊市是指股票市场中绝大多数的个股都在持续下跌，所能看到的是中、长期均线总是向下的，较多地出现均线空头排列形态，大都是短期均线在上下震荡，但总体趋势还是向下。

熊市中，金叉买入的可靠性降低，受到均线压制可靠性也得到加强，极不适合做多，只宜卖出观望。

图 1-46 所示的是某股的熊市走势，对于看涨买入的投资者来说，熊市是不适合入场交易的。熊市中金叉很少出现，即使出现可靠性也不高，很难从中获利。总的来说，就是一个大多数人都不看好后市而纷纷亏本卖出手中所持股票的行情。

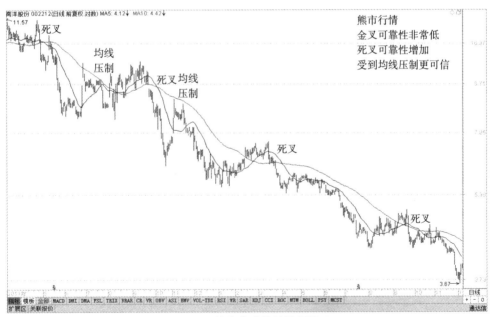

图 1-46 熊市中均线的使用技巧

第二章 平滑异同移动平均线（MACD）指标

一、什么是 MACD 指标

MACD 指标（Moving Average Convergence / Divergence）即指数平滑异同移动平均线指标。

它是非常重要的技术指标，由 Gerald Appel 于 20 世纪 70 年代首先提出来并用于研判股票价格变化的强度大小、方向转换、能量变化，甚至趋势的周期性转变。

该指标由黄白两线和红绿柱组成，通过两条均线之间的差值计算出来。

"快"指较短期的均线，而"慢"则指较长期的均线，一般股票软件默认是快均线 12 日和慢均线 26 日的均线之差，如图 2-1 所示。

二、MACD 指标的含义

MACD 指标是利用两条均线之间的差值来判断行情的趋势力度。

一般来说，短期均线在长期均线上，利于看多、做多，这说明短期成本在不断地抬高，短线投资者们不断将股价推高，即使价格再高也愿意买进，这将使股价不断上涨，也容易吸引更多的短线客追高买入。

若短期均线在长期均线下，利于看空、做空，这说明短期成本在不断地降

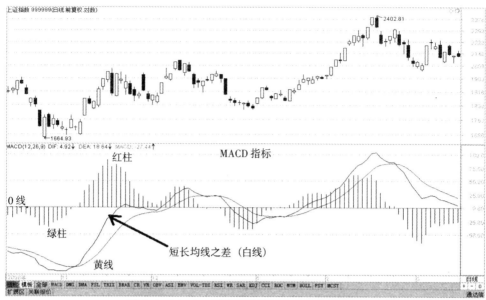

图 2-1　MACD 指数平滑异同移动平均线指标

低，短期投资者们不惜血本卖出，这将会使股价不断下跌，形成恐慌浪潮，最后大家都赔本卖出，甚至不再计较价格。

　　MACD 又对短期长期均线的差值做了平均，然后用该值与这条均线进行对比，取其差值，这就是红绿柱线，如图 2-2 所示。

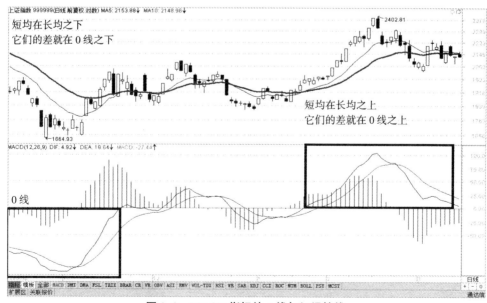

图 2-2　MACD 指标的 0 线与红绿柱线

一般来说，红柱代表多方强于空方；相反，绿柱代表空方强于多方。

红绿柱线是 MACD 指标中非常重要的参考数据，红绿柱线的变化揭示了多空双方你争我夺的胜败荣辱，如图 2-3 所示。

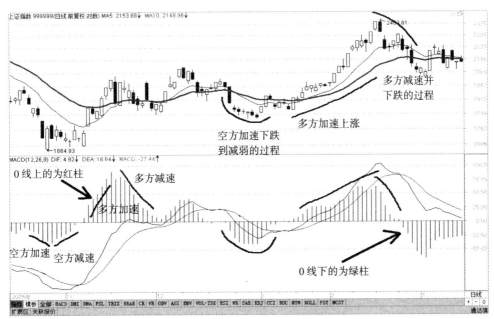

图 2-3　MACD 红绿柱的加速与减速

三、MACD 指标的特点

1. MACD 指标的趋势性

12 日均线，它的走势反映最近 12 天的价格平均走向，可以用来描述最近 12 天的股价趋势。如果是连续上涨的行情，该均线会持续地向上行走，形成明显的上升趋势。

26 日均线，它较平缓地反映了较长一些时间段内股价的走势，虽然没有 12 日均线那样敏感，但它的作用较 12 日均线更大些，能捕捉到较大较久的上涨行情，同时也能过滤掉一些频繁的波动，使总体趋势得到延续。

MACD 将 12 日均线减去 26 日均线的值称为 DIF 线或"白线"。

这条白线代表了短期成本是抬高了或是降低了。抬高了就意味着做多的动力在持续，适合看多做多；反之就适合看空做空。

为了再对白线进行优化，增加了白线的 9 日均线，即 DEA 线或"黄线"，这样，我们就可以通过黄白两线的整体趋势判断出股价整体趋势的走向，如图 2-4 所示。

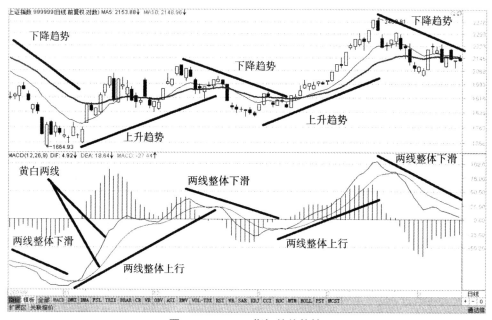

图 2-4　MACD 指标的趋势性

2. MACD 指标的稳定性

由于 MACD 计算时采用指数平均，所以较之简单的算术平均更为平滑，更好地过滤掉偶然的或突发的因素。再加上又对其进行一次指数平均，使之更加稳定可靠。

对比图 2-5 和图 2-6，指数均线的优势较明显，很好地避开了数次假突破，避免了不必要的损失。所以以此为基础延伸出来的 MACD 指标稳定性不可小觑。这也是为什么它被称为十大经典指标的原因。

不过，事物总有两面性，有利就有弊。下面我们说说它的缺点。

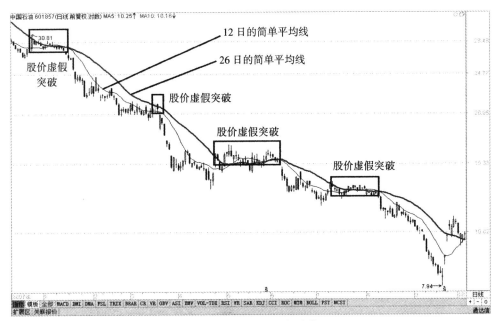

图 2-5 普通均线指标走势

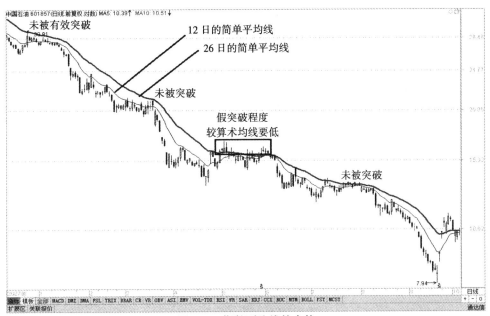

图 2-6 指数型均线的走势

3. MACD 指标的滞后性

指数平均的平滑作用是好的，但也不是绝对的，有利就有弊。MACD 指标的问题也同样出现在均线的滞后上，这几乎是所有采用均线算法的指标通病。

稳定和灵敏是不可调和的矛盾。短期均线灵敏但失于稳定，长期均线稳定但失于灵敏。

虽然 MACD 默认采用 12 日、26 日的指数平均，但依然会带给使用者滞后的问题。

从下面的大盘 2007 年 10 月大顶图可以看出，MACD 之前出现了一个两线下滑而指数趋势并未同步的情况，然后 MACD 两线掉头向上维持了一周左右强行与指数同步，这也属于滞后现象。

在图 2-7 所示的最高点顶部出现后两三个交易日，MACD 指标仍未给出明显的看空做空形态信号，使投资者没能及时地在高位卖出，或者没能提示刚刚买入股票的投资者以规避风险。

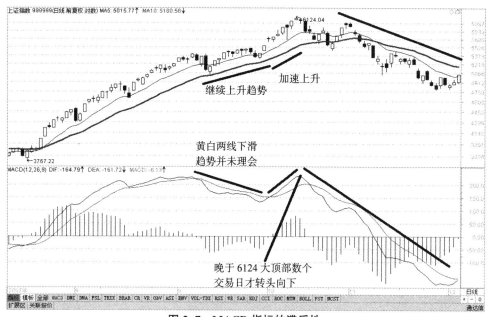

图 2-7　MACD 指标的滞后性

虽然 MACD 指标有滞后性，但就整体趋势及变化而言，它能较好地显示出来。

四、MACD 指标多头、空头排列

多头排列：代表空方的绿柱由下跌转为向上，绿柱由长变短，说明做空的动力开始疲软，多方有机会乘虚而入。之后绿柱翻红，并且保持红柱不断向上变高变长。

这期间白线在 0 线下从长期下行转为拐头向上，之后不久又上穿了它的均线即"黄线"，并且两线保持整体向上的趋势。

MACD 多头排列意味着多方全力反攻并取得显著战果，是看多做多的信号之一。

MACD 的多头排列如图 2-8 所示。

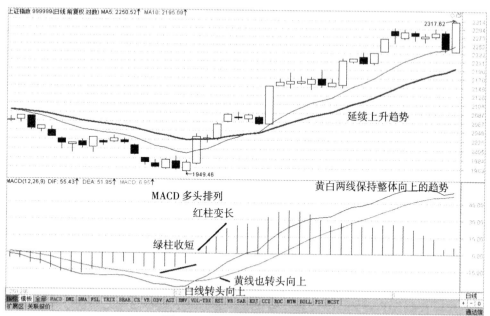

图 2-8　MACD 指标的多头排列

空头排列：代表多方的红柱由上升转为向下，红柱由长变短，说明做多的动力将要疲软，空方也将有机会乘虚而入。之后红柱翻绿，并且保持绿柱不断向下变高变长。

这期间白线在 0 线上从长期向上转为拐头向下，并在之后不久又向下跌破了它的均线黄线，随后两线保持整体向下的趋势。

MACD 空头排列意味着空方全力反攻并取得显著战果，是看空做空的信号之一。

MACD 的空头排列如图 2-9 所示。

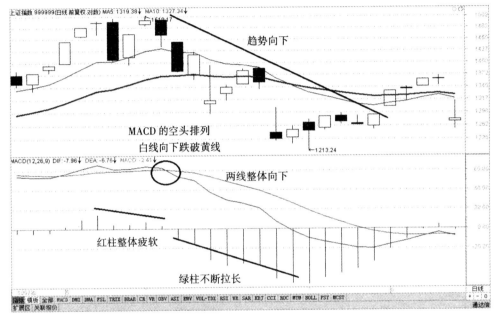

图 2-9　MACD 指标的空头排列

五、MACD 指标的金叉、死叉

MACD 指标的金叉是指白线在黄线下，并由向下拐头向上，突破了黄线，如图 2-10 所示。

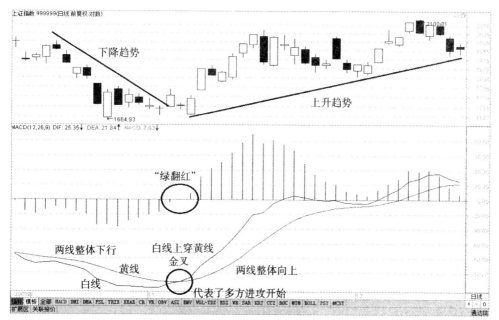

图 2-10　MACD 指标金叉

　　白线是两条均线的差值走势，由向下拐头说明空方下杀的力度在不断减弱，多方才有机会将行情反转。

　　为了避免突发情况，加入了黄线进行噪声过滤，大多数白线没有成功上穿黄线的都不能很好地反转下跌行情。但是，如果白线成功上穿黄线，就形成了金叉，代表做空方力度减弱不是偶然事件，是可信的。所以多方开始反扑，使行情不断利多，促使上升趋势形成。

　　MACD 指标的死叉正好与金叉相反，白线在黄线上，由向上掉头向下，跌破了黄线，如图 2-11 所示。

　　白线掉头向下说明空方下杀的力度在不断增强，看多做多的投资者越来越少，相反看空做空的人越来越多，形成抛售浪潮。

　　金叉、死叉的同时，红绿柱也在不断地"绿翻红""红翻绿"。如果得到其他指标的同步信号，则胜算倍增。

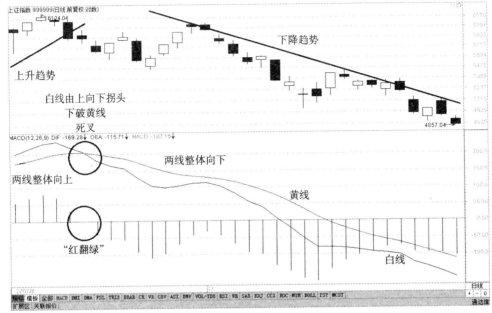

图 2-11　MACD 指标死叉

六、MACD 指标黄白两线慢速上升、快速上升、慢速下行、快速下行

　　黄白两线慢速上升：多数股票在黄白两线慢速上行后，都会形成缓慢的上升趋势。它是良性的，对长期投资者有利，稳定性也比较高，如图 2-12 所示。

　　黄白两线快速上升：股价突然形成猛烈的上涨就会导致黄白两线陡直向上，这表示行情出现了突发情况。要么继续这种暴发行情，甚至一路涨停板。要么就只是短暂的事件，如图 2-13 所示。

　　图 2-13 我们看到那只大阳线出现后，下一个交易日再创新高，其间一度形成大阳线上升的形态，但尾盘下跌收出长影线的阴 K 线，表明突发事件并未能帮助股价上涨。

　　还有一种情况是股价就此一路暴涨，特别是一路涨停板的个股，但问题是这些个股很多直接封涨停板，一般投资者大多没有买进的机会，甚至连追高的机会

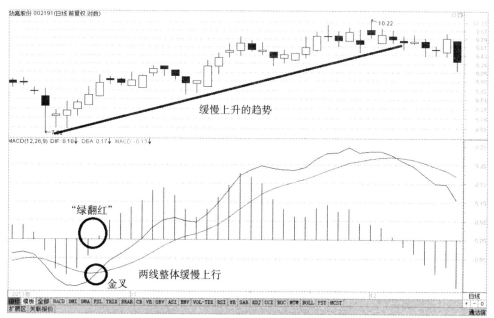

图 2-12 MACD 指标黄白两线慢速上升

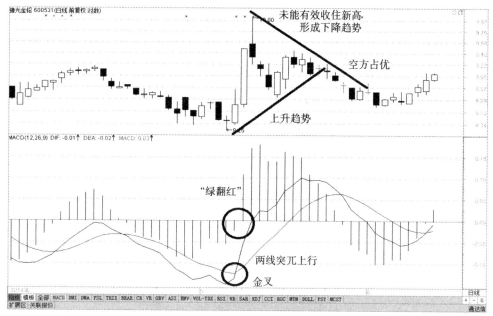

图 2-13 MACD 指标黄白两线快速上升

都没有。

黄白两线慢速下行：这是良性的下跌行情。如果此前大涨了一段时间，出现这个就可能意味着要进行一段幅度小但时间可能较长的调整，当然也有可能是幅度稍大的下跌行情，如图 2-14 所示。

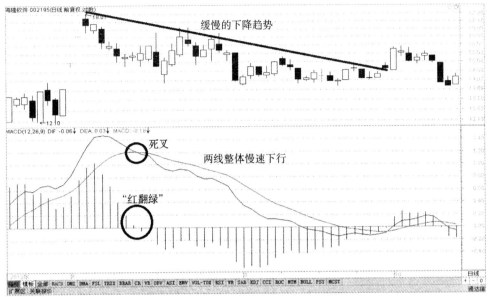

图 2-14　MACD 指标黄白两线慢速下行

　　黄白两线快速下行：与快速上升类似，这种情况大都反映了某种突发情况对股价的影响。一般出现后，行情也会出现较大的跌幅。通常这种异常恢复正常后，都会走出不错的涨升行情，如图 2-15 所示。

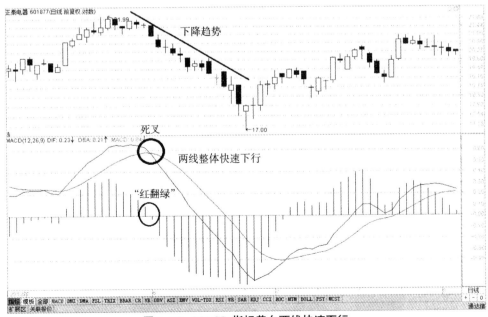

图 2-15　MACD 指标黄白两线快速下行

七、MACD 指标黄白两线低位二次金叉

　　黄白两线低位二次金叉是指黄白两线都在 0 线以下，并且在相对较低的位置出现金叉，同时第二次金叉也要在 0 线以下并比第一次金叉的位置要高，另外两次金叉的时间间隔不能太长。

　　这种形态表示多方的两次反攻，其意志之坚强，故大都会将空方击败，最终使原有的下降趋势扭转向上。

　　二次金叉是 MACD 技术指标中较为重要并且可靠的信号之一，如图 2-16 所示。

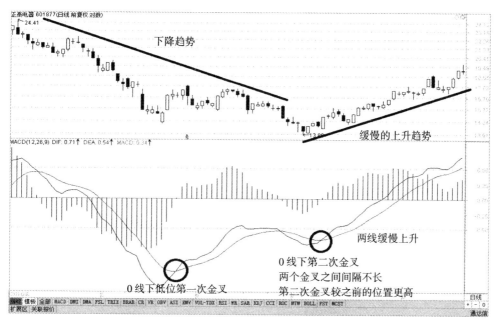

图 2-16　MACD 指标黄白两线低位二次金叉

八、MACD 指标黄白两线高位二次死叉

黄白两线在高位二次死叉是指黄白两线都在 0 线之上，都在相对较高的位置出现死叉，同时第二次死叉也要在 0 线以上并比第一次金叉的位置要低些，另外两次死叉的时间间隔不能太长。

这种形态表示空方的两次反扑，多方大受打击形成败势，终使原有的上升趋势转为下跌。

二次死叉也是 MACD 技术指标中较为重要并且可靠的信号之一，如图 2-17 所示。

图 2-17 MACD 指标黄白两线高位二次死叉

九、MACD 指标黄白两线顶、底背离

美黄白两线的顶、底背离其实主要是看白线的走势形态。

顶背离：是指股价不断创出新高，而白线并没有随之创出新高的情况，并且在出现顶背离后接着出现了高位二次死叉的形态，加大了见顶的概率，随后行情将急转直下。

顶背离如图 2-18 所示。

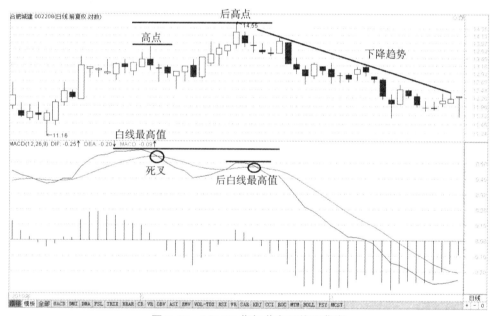

图 2-18　MACD 指标黄白两线顶背离

底背离：是指股价不断创出新低，而白线并没有随之创出新低的局面，并且在出现底背离后接着出现了低位的二次金叉，加大了见底的概率，随后将反转上涨。

底背离如图 2-19 所示。

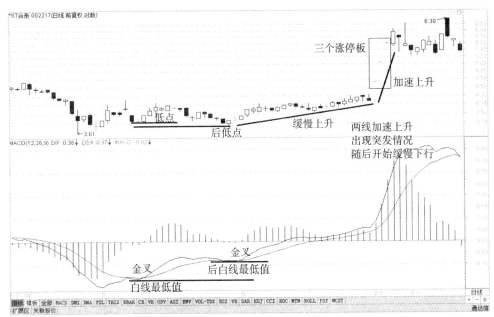

图 2-19　MACD 指标黄白两线底背离

　　顶、底背离并不一定伴随着二次金叉或二次死叉的出现，但当两者同时出现时，反转的可信度就增大了。

十、MACD 指标黄白两线向上或向下穿越 0 线

　　黄线或白线向上向下穿越 0 线，是一种中继形态，它确认了此前多空双方斗争胜负所带来的持续影响。

　　如果黄白两线双双上穿 0 线，后续黄白两线还能保持整体向上，股价上涨将能维持一段时间。

　　这种上穿 0 线的形态是指短期成本由原来的低于长期成本到现在短期成本超过长期成本，这说明原来的做空动力在减弱，做多看多的势力在加强，对于后市则预示着行情已转变为看多做多的多头行情，如图 2-20 所示。

　　两线下穿 0 线且后续黄白两线转为整体向下，股价的下跌行情才刚刚开始。

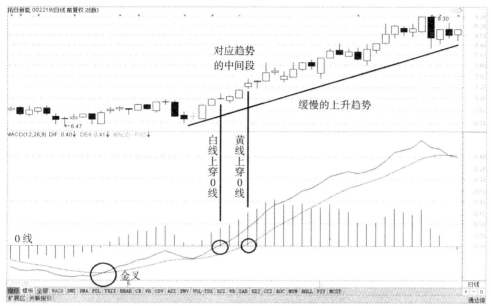

图 2-20 MACD 指标黄白两线上穿 0 线

两线下穿 0 线的形态是指短期成本由原来的高于长期成本变为低于长期成本，这说明原来的做多动力在减弱，做空看空的力度在增加，后市行情已变为对多方极为不利的局面，适合看空做空，如图 2-21 所示。

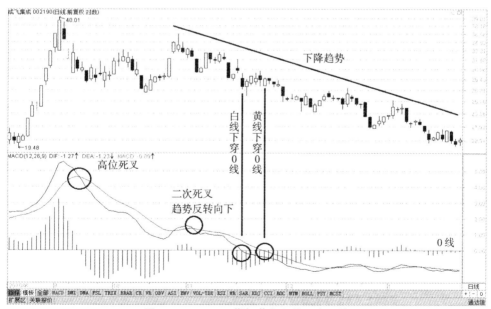

图 2-21 MACD 指标黄白两线下穿 0 线

两线上下穿越0线，代表行情之前的反转并非偶然。这一形态的出现是在确认这种变化，提示投资者这是确认信号，确认之前的反转是真的。

这种形态对于稳健型的投资者比较有益，可以较大程度地避免买卖信号出错，但它的出现通常会较晚，所以这个形态不利于短线操作。

下面我们将介绍较之更快、更灵敏的参考指标：MACD的红柱、绿柱。

十一、MACD指标红绿柱的长短变化

红绿柱是指白线（短期成本减去长期成本）和黄线（白线的均线）之间的差值走势。

如果白线高于黄线（短期成本持续高于长期成本），就意味着多方力度占优（即在0线上出现"红柱"）。

如果白线低于黄线（短期成本持续低于长期成本），就意味着空方力度占优（即在0线下出现"绿柱"），如图2-22所示。

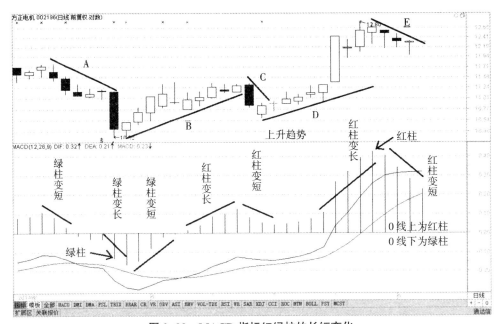

图2-22　MACD指标红绿柱的长短变化

图 2-22 上 A 处，先是出现了红柱变短（看多做多动力开始减弱），然后红柱转变成绿柱（看空做空成为主流），最终形成了 A 处的下降趋势。红柱的变短转换成绿柱，并且绿柱开始变长，这是下降趋势从开始到结束最常见到的红绿柱变化形态。

图 2-22 上 B 处，在上升趋势开始前，绿柱的长度开始缩小，这预示了空方后续的动力在减弱，果然后续的绿柱不断缩短，最后在趋势的中间翻转为红柱，且在这段上升趋势的后期红柱不断地增加高度。

图 2-22 上 C 处，红柱疲弱开始变短，说明多方力度在减弱，但之后并没有翻转为绿柱，说明这可能只是个上涨中的回调。

图 2-22 上 D 处，果然，在新的上升趋势开始前期，红柱开始由变短转为变长，引发了 D 段的整个上升。到后期红柱已经变得奇高，这种情况得小心，行情很可能会进行新的调整后反转下跌。

图 2-22 上 E 处，红柱变短，E 段的下降趋势也开始显现出来了。

红绿柱长短的变化早于黄白线的变化，表示着黄白线在某个方向上是加速还是减速，加速代表趋势仍将持续；减速代表趋势近期会有反转或调整。

十二、MACD 指标红绿柱的转换

红绿柱之间的转换代表了黄白线之间穿插变化。红绿柱之间的转换意味着多空双方进攻力度的变化。

红柱转换成绿柱，代表了多方持续做多的动能在减少，最后转换成了绿柱，进一步显示出做空的力量已经超出多方的预期。所以红柱转变成绿柱时，短线投资者只适合卖出，不适合买入，如图 2-23 所示。

绿柱转换成红柱，显示出空方近期做空的动力在逐渐减小，之后"绿翻红"进一步显示出做多的力量远远大于空方。所以绿柱转变成红柱时，短线投资者适合买入，不适合卖出，如图 2-24 所示。

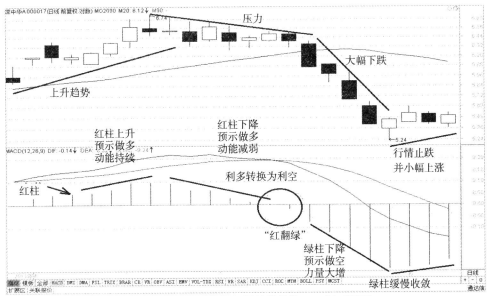

图2-23 MACD指标红绿柱的转换——"红翻绿"

图2-23"红翻绿"圈中的形态就是红柱逐渐变短,最后由红柱变绿柱的过程。这种形态说明做多的力度已经不足以维持股价继续上涨,如果"红翻绿"后绿柱快速拉长,则通常会走出大跌行情。因为绿柱向下拉长意味着做空的动力在不断增大,最后导致股价大幅下跌。

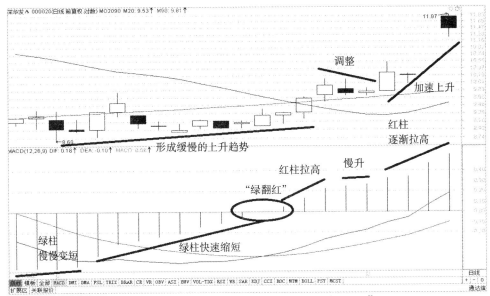

图2-24 MACD指标红绿柱的转换——"绿翻红"

图 2-24 是"绿翻红"，圈中的形态就是绿柱变红柱的过程。这种形态说明做空的力度已经减弱，行情上涨的可能性在不断增加，随着股价缓慢上升的趋势确立后，这次的"绿翻红"表示将有一段上涨行情。

红绿柱的长短决定一轮短期趋势的强弱变化，而"红翻绿"或"绿翻红"则显示出新一轮趋势主旋律的变化。

十三、MACD 指标红绿柱的顶、底背离

红绿柱也有顶和底的背离形态。

在上升行情中，股价不断创出新高，而在两个高点之间所对应的两次红柱高点并没有同步升高。这就是"顶背离"。顶背离意味着股价虽然不断创新高，但做多的动力较长期来看还显得不足，很有可能高点之后就会回调或者反转下跌，如图 2-25 所示。

图 2-25 MACD 指标红绿柱的顶背离

在下跌行情中，股价不断创出新低，而在两个低点之间所对应的两次绿柱低点并没有同步降低。这就是红绿柱的"底背离"。底背离意味着股价不断创出新低，但做空的能量可能已经到了尽头，很有可能随后就会反弹甚至是反转上涨，如图 2-26 所示。

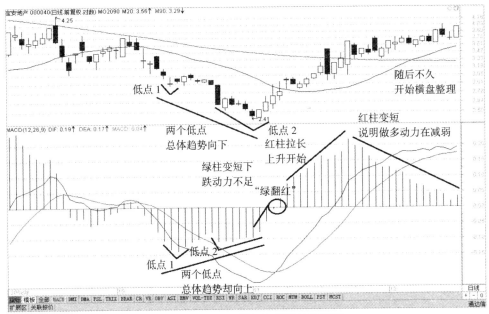

图 2-26　MACD 指标红绿柱的底背离

所谓熊市是指股票市场中绝大多数的个股都在持续下跌。所能看到的是中、长期均线总是向下的，较多地出现均线空头排列形态，大都是短期均线在上下震荡，但总体趋势还是向下。

第三章　乖离率（BIAS）指标

一、什么是 BIAS 指标

BIAS 指标（BIAS Ratio）即乖离率指标。

它是较常用的技术指标，它是用股价与某条均线之间的距离来判断行情是否过度上涨而导致下跌或过度下跌而导致上涨的分析工具。

传统上该指标由三条线组成，分别是股价与 6 日均线、12 日均线、24 日均线的距离比值，如图 3-1 所示。

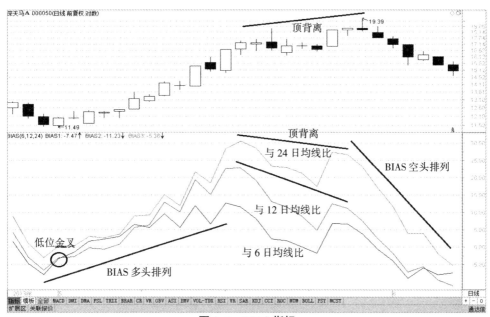

图 3-1　BIAS 指标

图 3-1 简要列出了 BIAS 指标常用的分析项目。

二、BIAS 指标的含义

　　BIAS 指标是将股价与均线之间的比值用作判断行情是否会反转的分析工具。

　　形象地说，BIAS 指标是用来描述当天股价对于短期成本之间有多少利润或有多大亏损。一般来说，获利利润越大，越有可能反转下跌，如图 3-2 所示。

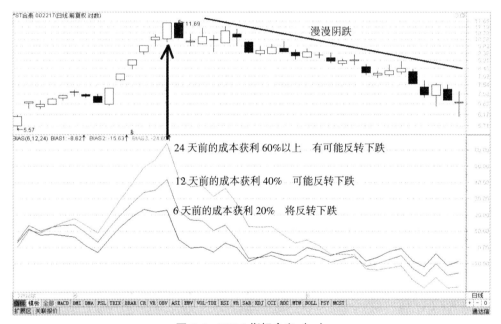

图 3-2　BIAS 指标含义（一）

　　而亏损越多，也越有可能反转上涨，如图 3-3 所示。

　　不过具体的反转百分比的界限没有一定的标准，这需要在实战中去摸索和积累归纳，才更能熟练地使用这个指标。

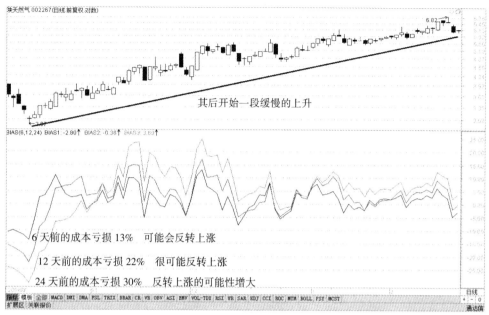

图 3-3　BIAS 指标含义（二）

三、BIAS 指标的特点

1. BIAS 指标的趋势性

由于 BIAS 指标计算中涉及均线，所以 BIAS 指标中也存在均线的优点和缺点。趋势性就是从均线继承而来。

所谓三线都在 0% 以上，是指 6 日均线、12 日均线、24 日均线处于多头排列中，所以 6 天、12 天、24 天前的成本都有获利。所以，我们可以把 0 轴以上看成是上升趋势，0 轴以下看成是下降趋势，如图 3-4 所示。

当获利过大或亏损过多时，原有的趋势就可能会反转。

2. BIAS 指标的稳定性和灵敏性

由于 BIAS 计算时使用了均线，所以均线的稳定性也被继承下来了。

但股价每天都在上下游荡，用当日股价除以均值也不能对它进行平滑缓冲，所以 BIAS 的敏感性较强，但稳定性没有均线那么强，如图 3-5 所示。

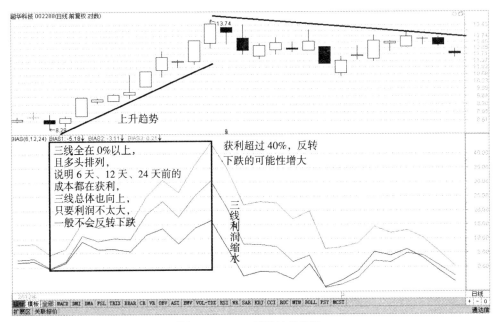

图 3-4　BIAS 指标的趋势性

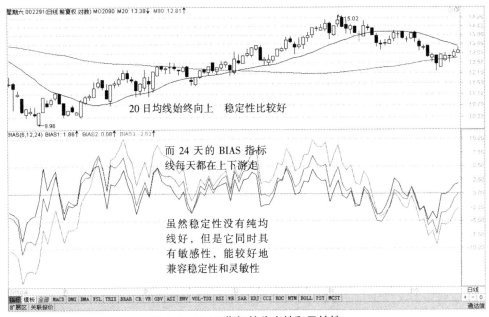

图 3-5　BIAS 指标的稳定性和灵敏性

　　使用时，我们同时关注均线指标和 BIAS 指标就能很好地把握住波段中的短
线机会。

四、BIAS 指标多头、空头排列

BIAS 多头排列：代表 6 天、12 天、24 天的平均成本都出现了不同程度的盈利或亏损减少，后市可能还将延续这种状态。这个就叫作 BIAS 多头排列。在图形上看就是三线同时向上。

只要均线处于平走或长期上涨的趋势中，BIAS 的多头排列才会频繁出现，有利于短线进出。

BIAS 的多头排列如图 3-6 所示。

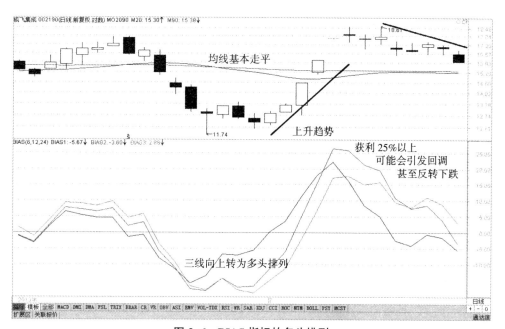

图 3-6 BIAS 指标的多头排列

BIAS 空头排列：代表着 6 天、12 天、24 天的平均成本开始出现加速亏损的局面，后市可能会延续这种趋势，这个形态就叫作 BIAS 空头排列。

当连续亏损过大时，就容易出现反转上涨的局面。

BIAS 的空头排列如图 3-7 所示。

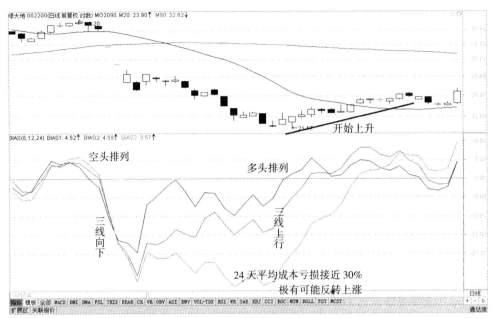

图 3-7　BIAS 指标的空头排列

　　凡 BIAS 指标三线向同一方向行进一段时间，就称为多头或空头排列，预示了多头、空头行情不断加速，但是涨得过多，跌得过大，也易物极必反，所以 BIAS 指标就是用来分析这类极端情况的极佳工具之一。

五、BIAS 指标的顶背离、底背离

　　BIAS 顶背离：是指股价不断创出新高，而 BIAS 指标三线中的最大获利却没有随之增加，反而减少了甚至大幅缩水，这就说明了上涨乏力，宜见高卖出，不宜持有或买入。

　　顶背离如图 3-8 所示。

　　BIAS 底背离：是指股价不断创出新低，BIAS 指标三线的亏损额度却没有随之增加，亏损额度反而减少了甚至反亏为盈，这就说明了下跌乏力，宜见低买入，不宜看空做空。

　　底背离如图 3-9 所示。

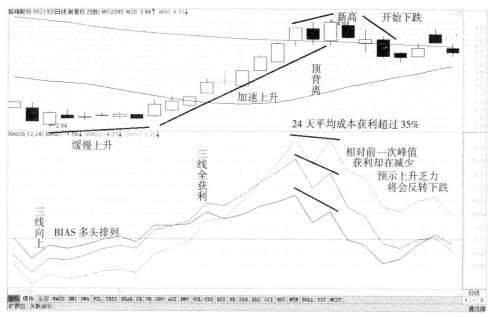

图 3-8 BIAS 指标的顶背离

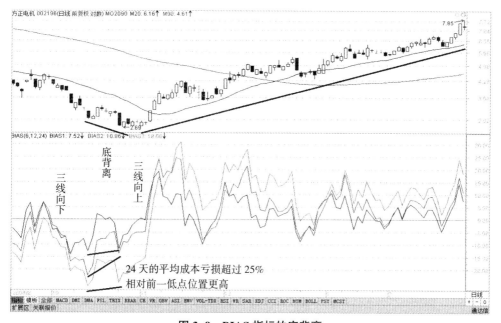

图 3-9 BIAS 指标的底背离

第四章　布林线（BOLL）指标

一、什么是 BOLL 指标

布林线（BOLL，英文全称 Bollinger Bands）又叫布林带，常简称为"布林"。

该指标是由约翰·布林格（John Bollinger）在 1980 年发明的分析工具。应用上结合了均线和标准差的概念，它由均线和上下轨道组成。中轨即股价的平均成本，上轨和下轨可分别被当成是股价的压力线和支撑线。

它是以道琼斯的"平均成本概念"为理论基础，采用统计学中"移动平均"原理，将一段时期内的价格平均值连成一条曲线，以此来显示股票价格的历史波动情况。这就是该指标的中轨。

上轨和下轨的计算中都使用到了统计学中的"标准差"概念。那什么是标准差呢？

下面举五个例子：

A：1 元、1 元、1 元、1 元、1 元、1 元、1 元、1 元、1 元、1 元。

A 的平均价格是 1 元，而这些价格都是 1 元，标准差是指这些价格中的大多数价格与平均价格之间的误差，所以 A 的标准差是 0，如图 4-1 所示。

B：1 元、1 元、1 元、1 元、1 元、1 元、1 元、1 元、1 元、1.1 元。

B 的平均价格是 1.01 元，而这些价格都与平均价格相差无几，它们中的大多数价格与平均价格之间的误差很小，所以 B 的标准差是 0.031，如图 4-2 所示。

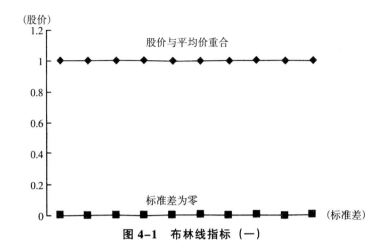

图 4-1　布林线指标（一）

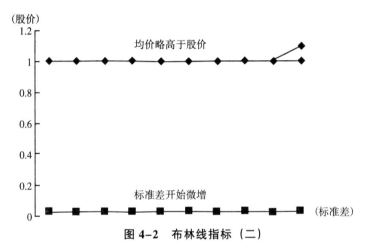

图 4-2　布林线指标（二）

　　C：1 元、1 元、1 元、1 元、1 元、1 元、1 元、1 元、1 元、2 元。

　　C 的平均价格是 1.1 元，这与每天的价格相比相差也不是很大，它们中的大多数价格与平均价格之间的误差也比较小，所以 C 的标准差较 B 更大些，是 0.316，如图 4-3 所示。

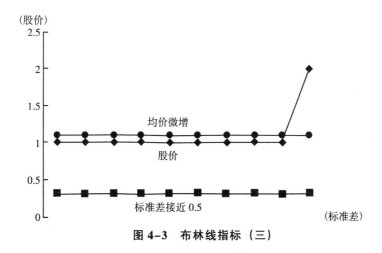

图 4-3 布林线指标（三）

D：1元、1元、1元、1元、1元、1元、1元、1元、5元、10元。

D 的平均价格是 2.3 元，和之前每一天的价格相比相差很大，它们中的大多数价格与平均价格之间相差几倍，所以 D 的标准差较 C 更大些，是 2.98，如图4-4 所示。

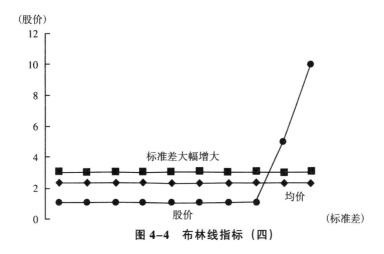

图 4-4 布林线指标（四）

E：1元、2元、3元、4元、5元、6元、7元、8元、9元、10元。

E 的平均价格是 5.5 元，与之前各天的价格相比，浮动更大，它们中的大多数价格与平均价格之间的相差各异，较 D 组的标准差增大些，是 3.02，如图 4-5 所示。

......

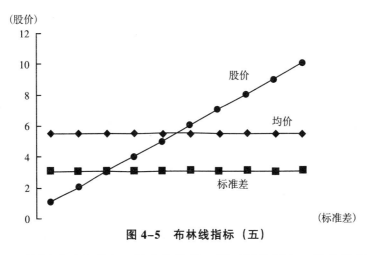

图 4-5　布林线指标（五）

从上面的例子可以看出，标准差是指一段时间范围内，股价偏离均价的价格差。价格与均价之间的变动越大，标准差也就越大；如果价格与均价变动越小，标准差也就趋向于 0。

在走势图上，我们在均线加上标准差，代表较大的向上变化极限；均线减去标准差，代表较大的向下变化极限。这两条线分别称为"上轨"和"下轨"，如图 4-6 和图 4-7 所示。

图 4-6　布林带与上下轨（一）

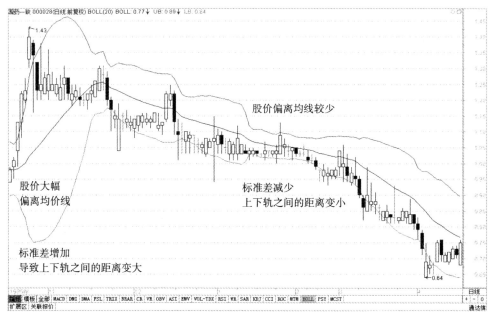

图 4-7　布林带与上下轨（二）

在走势图上，上下轨之间的距离又叫作"布林带"，布林带的宽窄就代表了价格偏离均价的大小，如果价格和均价的偏离不大，布林带就相对窄些；如果价格与均价偏离较大时，布林带就变大很多。

二、BOLL 指标的参数与含义

由于布林线也涉及均线，所以它的参数含义与均线一致。如 5 日布林线参与计算的天数是 5 日，20 日布林线参与计算的天数就是 20 日，一般软件上默认使用的是 20 日的布林线指标。

下面我们用 500 日布林线、200 日布林线、20 日布林线做例子。

500 日的布林线是指最近 500 个交易日以来（相当于两三个自然年的时间），股价 90%的时间里偏离 500 日均线多少价差，如图 4-8 所示。

图 4-8　布林线指标——参数：500 日

对于这类长期的布林线指标来说，它可以观察到长线主力庄家的做盘轨迹，在长期布林带基本走平并且收窄时，不久就会出现大的变动，之后就有可能出现主升浪，500 日的布林线适合抓住长线暴涨的个股。而 200 日的布林线是指最近一年中股价 90% 的时间偏离年均线的价差，如图 4-9 所示。

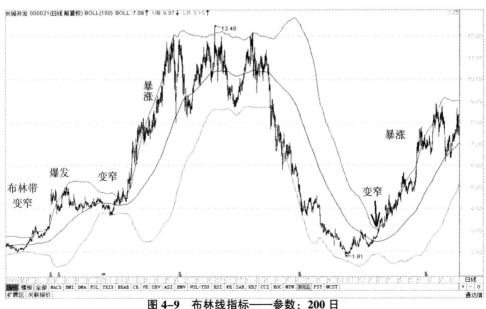

图 4-9　布林线指标——参数：200 日

它可以观察到一年前主力庄家的吸筹洗盘的轨迹，在长期布林带基本走平并且收窄时，不久就会出现大的变动，之后就有可能出现上升浪，20日布林线是指这最近20个交易日以来（相当于一个自然月的时间），股价90%的时间偏离均线多少个价格差，如图4-10所示。

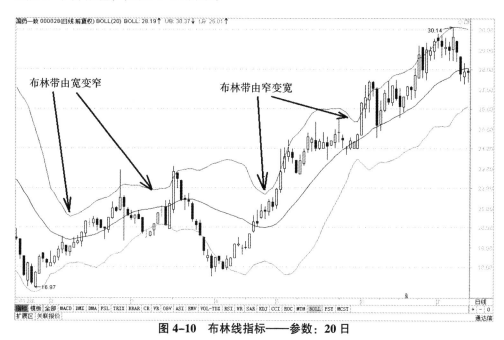

图4-10　布林线指标——参数：20日

图4-10是20日布林线指标和股价走势图，从上面我们可以看到布林带由宽变窄和由窄变宽，不断地变化着，代表了中短期的主力甚至是大众的过激从众行为所导致的行情波动。

布林带的收窄说明了行情变动趋于平静，而平静的水平面，背后可能隐藏了巨大的风暴，传统上将布林带收窄认为是行情将要变盘的征兆。

多在收窄后开始变宽，逐渐带动股价大幅上涨，当然也有可能带动股价下跌，如图4-11所示。

布林带逐渐变窄，代表了行情的变化逐渐减少，基本处于整理阶段，很可能在布林带再次放宽放大时，就会引发一波大的行情。股价突破的方向决定了未来的行进的趋势。

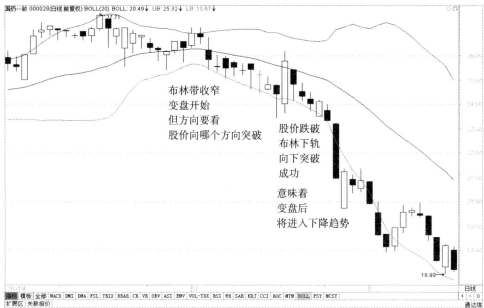

图 4-11　布林带上下轨道的宽与窄

三、BOLL 指标的特点

1. BOLL 指标的趋势性

由于布林线指标也是以均线指标为基础的，所以布林线指标继承了均线指标全部的优缺点。

图 4-12 所示显示了布林线的上升趋势图，虽然波动比较大，但是上下轨的整体还是向上的，基本还是按照 20 日均线的趋势向上行进。

图 4-13 所示是布林线上升趋势转为下降趋势的走势图。一般来说，布林带的趋势基本与其对应的均线趋势是一致的，两者又可以互相印证。

2. BOLL 指标的稳定性

因为均线具有稳定性，所以在偶尔的小波拉高或小波下跌出现时，它的整体趋势不会因为少数的特殊变化而变化，除非这些高价或低价突破了布林带的趋势线。

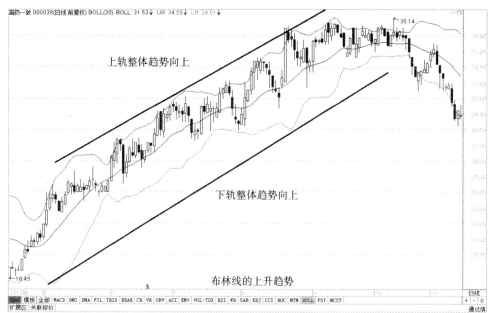

图 4-12　布林线的上升趋势

图 4-13　布林线的下降趋势

　　股价在这两个上下轨和上下轨所形成的下降趋势中摆动，始终没有任何向上或向下的突破，所以这个趋势还将继续下去，如图 4-14 所示。

图 4-14 布林线的稳定性（一）

股价继续在这两个上下轨和上下轨所形成的下降趋势中摆动，右下角股价跌破了下轨趋势线，但这并不重要，重要的是股价何时向上突破上轨的趋势线，如图 4-15 所示。

图 4-15 布林线的稳定性（二）

股价发展到图 4-16 时，股价极有可能向上突破上轨的下降趋势线。

图 4-16　布林线的稳定性（三）

股价随后向上突破上轨的下降趋势线，均线在之前已经发生扭转，此时股价突破上轨的下降趋势线被看成是均线扭转向上的确认信号，如图 4-17 所示。

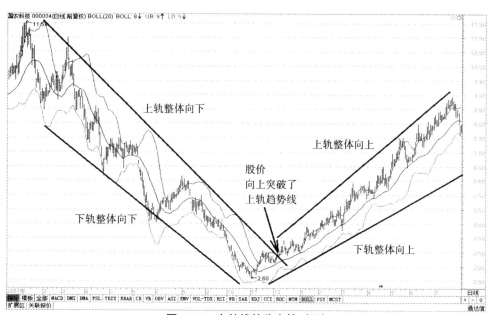

图 4-17　布林线的稳定性（四）

图 4-18 中 A、B 点时 20 日均线拐头向上，但布林线的整体趋势向下，股价之后也没有成功突破上轨下降趋势线，所以 A、B 点的均线拐向只能看成是反弹，而不是反转。

图 4-18 布林线的稳定性（五）

反弹是指未来会上涨一段，但是最多不会超过上轨线。

反转则比反弹强，所以它代表了整个趋势将要发生反转。

C 点均线再次拐头向上，不久股价径直向上突破了布林上轨的下降趋势线，从而使行情发生反转，行情进入了单边上升的阶段。上下轨也由整体向下转变为整体向上。

这种过滤均线假突破的特点，就是布林线上下轨所特有的稳定性。

这种特点同时也是它的缺点，它们的出现通常滞后于均线或其他指标所发出的突破或反转信号。

3. BOLL 指标的滞后性

上面提到了用股价突破布林线上下轨道线的趋势来判断行情是否真的会反转或只是反弹。

这种情况通常晚于其他技术指标所给出的信号。

图 4-19 显示了股价向下跌破下轨的上升趋势线时，已经由 25 元跌到了 17

元，如果真的不能卖在 22 元以上，那这样的信号就晚了很多。

上轨整体向上

下轨整体向上

股价
跌破了
下轨的上升趋势线

可能
将进入下降趋势中

缺点是
出现的时候
股价已经回落较大

图 4-19　布林线的滞后性

对短线投资者来说，这样的信号不具参考价值，但它能预示大的趋势反转。

对中长线投资者来说，这些信号是具有参考价值，及时做出相应的战略调整。

所以布林线和均线一样，具有相当的稳定性和一定的滞后性。

4. BOLL 指标下轨线的支撑助涨性

股价在下轨整体向上时回调，接近或触及该趋势支撑线时，转头向上，这就说明股价得到了该趋势线的支撑，使股价没有再继续下跌，如图 4-20 所示。

有时小幅跌破也在所难免，应后续观察，一般假的突破都持续不了多久就会回归正轨。

布林线下轨在不论趋势的情况下也有这一助涨特性，如图 4-21 所示。

只是可信度较低，经常会发出假的突破信号。

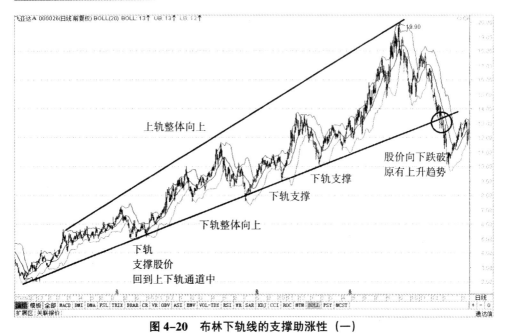

图4-20　布林下轨线的支撑助涨性（一）

图4-21　布林下轨线的支撑助涨性（二）

5. BOLL指标上轨线的压制助跌性

股价在上轨整体向下，接近或触及该趋势线时，并未有效向上突破，不久便掉头向下，说明股价上涨受到了压制，在该趋势线上受到压制，所以就称该趋势线具有压制作用，如图 4-22 所示。

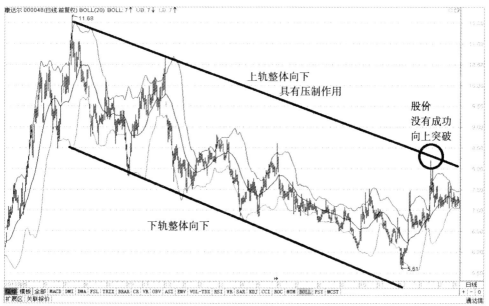

图 4-22 布林上轨线的压制助跌性（一）

这种现象同样适用于布林指标本身的上下轨线上。不过可靠性不足，还需要其他技术指标的验证支持，如图 4-23 所示。

图 4-23 布林上轨线的压制助跌性（二）

四、BOLL 指标多头、空头排列

多头排列：20 日布林线上轨和下轨与 20 日均线同时向上涨升。这是强势上升趋势较为接近尾声的信号，以短线交易为宜，不宜持股太久，因为行情将进入最后阶段，可能反转下跌进入下降趋势，如图 4-24 和图 4-25 所示。

布林线的多头排列：一般来说，20 日布林线多头排列还有参考价值，能较好地给出见顶信号，虽然时间上慢一些。而 500 日布林线多头排列通常是在见顶一段时间后才发生，所以这样的长期布林线多头排列对短线投资者来说没有太大的意义。

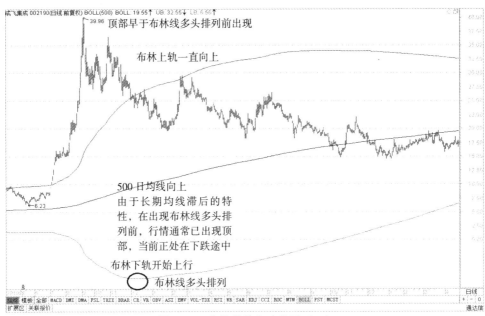

图 4-24　布林线的多头排列（一）

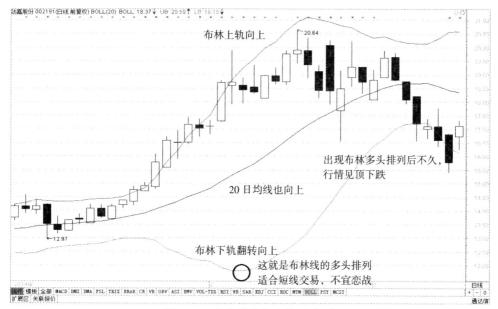

图 4-25　布林线的多头排列（二）

空头排列：20 日布林线上轨和下轨与 20 日均线同时向下行走。这是下降趋势接近尾声的信号，以短线交易为宜，不宜持股太久，因为行情将进入最后阶段，将可能反转进入上升趋势，如图 4-26 和图 4-27 所示。

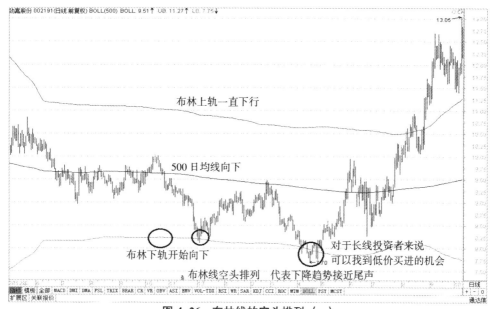

图 4-26　布林线的空头排列（一）

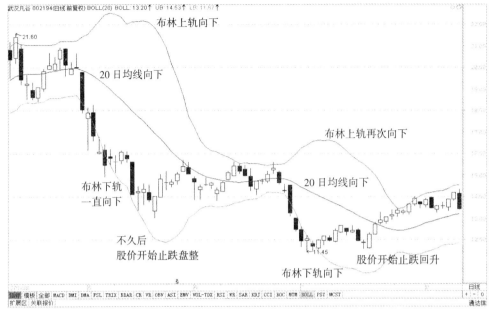

武汉凡谷 002194(日线 前复权) BOLL(20) BOLL 13.20↑ UB 14.53↑ LB 11.67↑

布林上轨向下

21.60

20 日均线向下

布林上轨再次向下

布林下轨
一直向下

20 日均线向下

不久后
股价开始止跌盘整

11.45

股价开始止跌回升

布林下轨向下

模板 全部 MACD DMI DMA FSL TRIX BEAR CR VR OBV ASI EMV VOL-TDX RSI WR SAR KDJ CCI ROC MTM BOLL PSY MCST
扩展区 关联报价

日线
通达信

图 4-27　布林线的空头排列（二）

一般来说，20 日的布林线空头排列只对短线投资者有宜，能较好、较快地反映行情未来可能的变化信号，时间上较为及时，但准确性有时差些。而 500 日这类长期的布林线空头排列通常是长线投资者最有利的买进信号，能给出一个大约的价位，长线投资者完全有能力、有耐心做到低吸（低价买，高价卖）的目的。

五、BOLL 指标的长线操作指南

长线操作需要交易次数要少，买入价格要低。与短线投资不同的是，长线投资需要耐心和等待买入机会，如图 4-28 所示。

股价见顶后，需要耐心等待下跌。布林线的多头排列通常预示行情已经见顶。这就是长线投资者需要关注的等待信号，如图 4-29 所示。

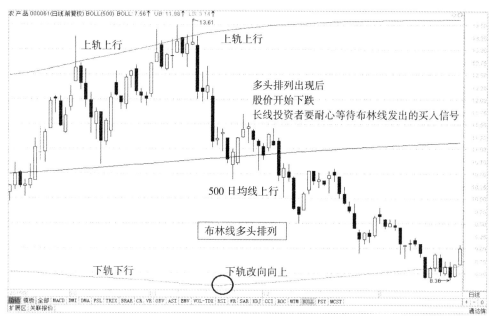

图 4-28　布林线的长线操作（一）

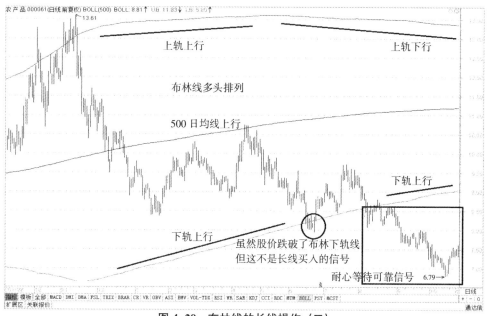

图 4-29　布林线的长线操作（二）

股价在一段大跌后曾向上反弹至 500 日均线，但这不是可靠的长线买入信号，长线投资者需要更稳定可靠和更低的买入价位，不断关注和耐心等待信号的出现，如图 4-30 所示。

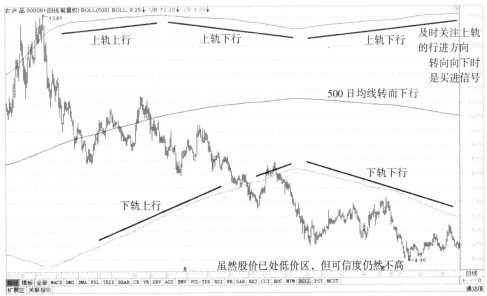

图 4-30 布林线的长线操作（三）

股价很长一段时间在下轨线之下震荡下行，虽然已处低价区，但仍不是可信任的买入理由。

最好是等待上轨转头向下与 500 日均线及下轨同时向下形成的布林线空头排列，这样就是很好的买入信号，如图 4-31 所示。

图 4-31 布林线的长线操作（四）

在漫长的等待后，布林线上轨终于转头下行并与均线和下轨同时向下形成空头排列。这就是很好的预备进场买入信号。

长线投资者适合在股价再次回调到下轨时进场买入。

在股价突破布林上轨时，适机卖出。不要等到空头排列时再卖，否则就会损失很多利润。

相比之下，短线操作就相对频繁些。

六、BOLL 指标的短线操作指南

布林线指标的短线操作通常只要看股价和上下轨就行了，当然单独使用布林线还不行，还需要其他指标的同步支持，否则错误信号较多，如图 4-32 所示。

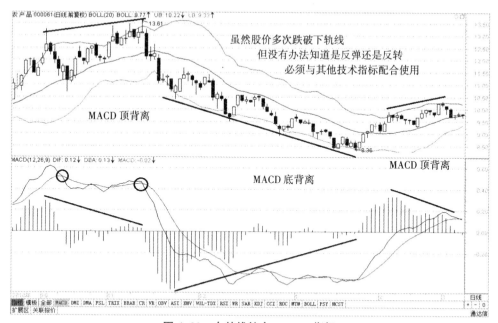

图 4-32   布林线结合 MACD 指标

图 4-32 展示了 20 日布林线指标和 MACD 指标的对比，虽然股价多次跌破布林下轨线，但股价并不是每次都会反转，有时只是反弹而已。为了识别反弹还是反转，必须使用别的指标进行筛查过滤，以免被假信号迷惑。

当然，假信号也并非一无是处，对于短线投资者来说，股价每次跌破布林下轨线，都是一次短线买入机会，在均线下行的情况下，预期利润不要太高，这样每次反弹都能获得一定量的利润。

图 4-33 标出了每次股价跌破下轨时，未来的涨升空间，如果不贪心的话，每次股价跌破下轨，预计赚个 2%~3% 还不是很难的，难就难在不贪。

图 4-33　布林线通道走势

第五章 心理线 (PSY) 指标

一、什么是 PSY 指标

心理线 (PSY) 指标全名是 "Psycholoigical Line"，PSY 取自这个英文名的前三个字母，是一种建立在研究投资人心理趋向基础上，将某段时间内投资者倾向买方还是卖方的心理与事实转化为数值，形成人气指标，作为买卖股票的参数。

PSY 指标通过统计最近几天行情上涨的天数占多少百分比来判断行情会向哪个方向发展，如图 5-1 所示。其公式：PSY = N 日内的上涨天数/N × 100%。

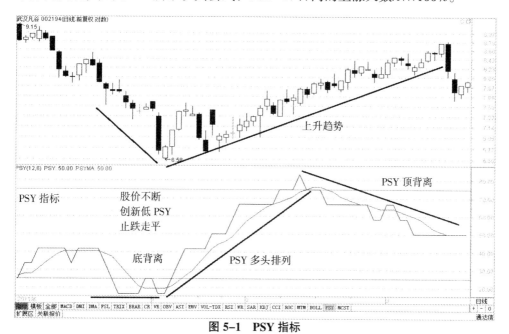

图 5-1 PSY 指标

上涨多的时候，偏向于多头行情，所以利于看多做多。

上涨少的时候，偏向于空头行情，利于看空做空。

PSY 的多头排列是指指标线和均线同时向上行走或趋势上行，这说明股价也处于涨多于跌的行情中，通常是多头行情，如图 5-2 和图 5-3 所示。

图 5-2　PSY 指标的多头和空头排列（一）

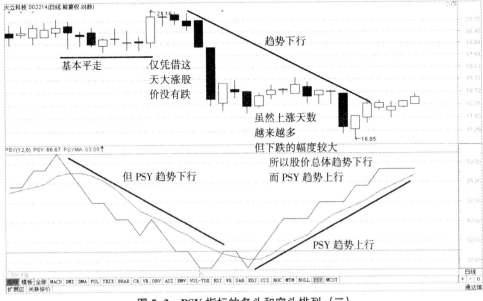

图 5-3　PSY 指标的多头和空头排列（二）

　　PSY 的空头排列是指指标线和均线同时向下行走或趋势下行，这说明股价处于跌多于涨的行情中，通常是空头行情。

　　行情不断创出新高，而 PSY 并没有升高或反而下降，说明行情大多数的时间里是下跌的，凭借少数几天大涨，才使股价不断创出新高。

　　行情不断创出新低，而 PSY 并没有下降或反而升高，说明行情大多数的时间里是上涨的，但依靠为数不多的大跌，使股价创出新低。

　　单纯使用 PSY 指标，并不能完全把握住行情的发展趋势，还需要其他指标的配合。

　　另外，在小周期的股价图中，使用 PSY 有一定局限性，可以尝试在更大的周期图上使用，会有意想不到的效果。图 5-4 所示的是在月线图上使用 PSY 指标。

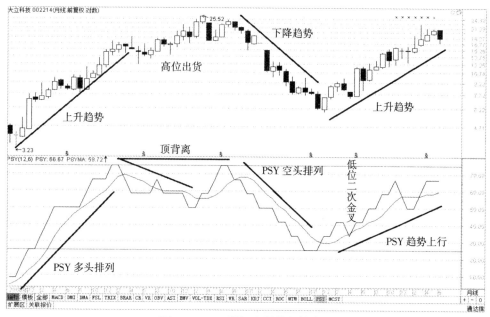

图 5-4　PSY 指标在月线上的应用

　　之所以会出现这样的情况，是因为日线的涨跌很容易被操控，而较大周期的涨跌是较难被操控的，所以在使用心理线指标时最好是选择在较大周期的走势图上，尽可能避免"骗线"的发生。

二、PSY 指标低位金叉、高位死叉

PSY 指标线在 30 附近的低位发生金叉，代表了近期上涨的天数在缓慢增加，意味着将来有可能持续增加，从而导致上涨多于下跌，股价也易形成上涨趋势，如图 5-5 和图 5-6 所示。

图 5-5 和图 5-6 分别展示了 PSY 低位金叉后，股价上涨天数越来越多于下跌天数，使原有的下降趋势扭转为上升趋势。

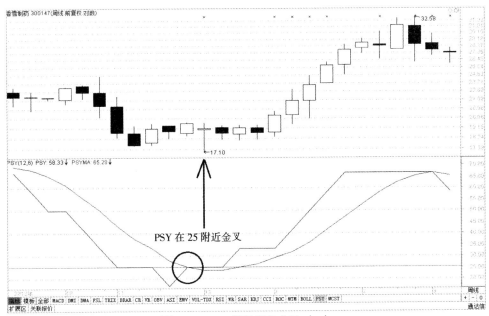

图 5-5　PSY 指标低位金叉（一）

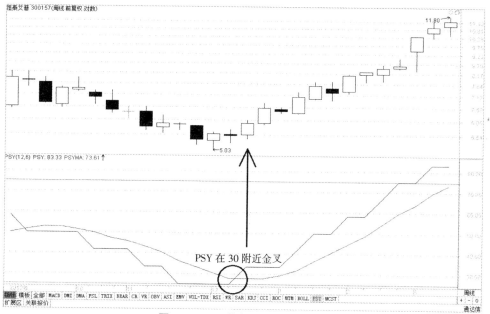

图 5-6 PSY 指标低位金叉（二）

PSY 线在相对高位的 70 附近出现死叉是比较重要的下跌信号，说明行情这几天上涨的天数在逐渐减少，有可能是涨升行情反转下行的兆头，如图 5-7 和图 5-8 所示。

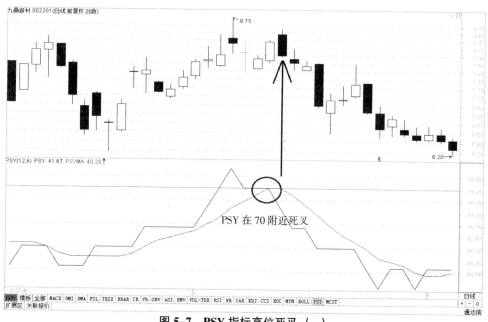

图 5-7 PSY 指标高位死叉（一）

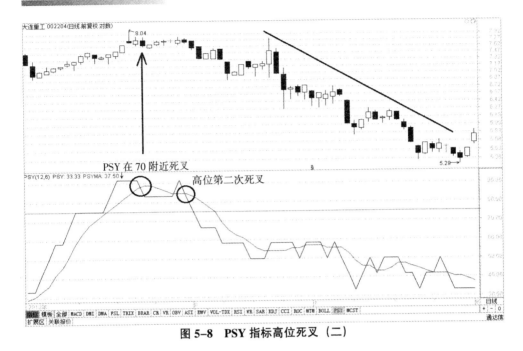

图 5-8　PSY 指标高位死叉（二）

如果在低位或高位连续发生两次或两次以上金叉、死叉时，这种信号就比较可靠了，特别是又出现了明显的底背离、顶背离，就更能确认现有行情是否反转。

三、PSY 指标低位二次金叉、高位二次死叉

PSY 连续在低位出现两次或多次金叉，会使原有趋势发生逆转，如图 5-9 所示。

这种现象可以这样理解，第一次金叉是一种预警信号，如果行情还能维持原有趋势，一般是不会在低位又发生金叉的。如果出现了连续两次或多次金叉，就说明了原有趋势可能会被扭转。

图 5-10 显示了 PSY 连续在高位出现两次死叉，意味着原有的上升趋势有所收敛，未来会有扭转向下的可能。

图 5-9　PSY 指标低位二次金叉

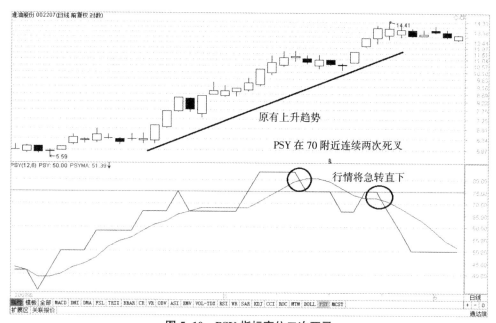

图 5-10　PSY 指标高位二次死叉

图 5-11 展示了两次高位死叉后，股价由原来的上升趋势扭转为下降趋势。

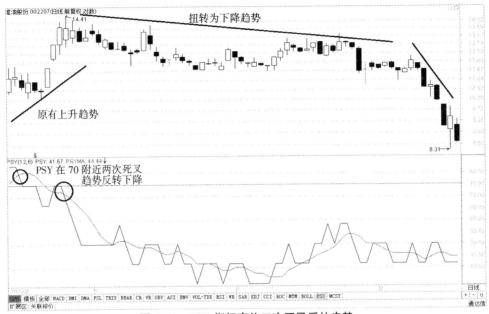

图 5–11　PSY 指标高位二次死叉后的走势

高位连续多次死叉或低位连续多次金叉，是一个反转信号，它们出现的同时通常也伴随着 PSY 的底背离或顶背离。

四、PSY 指标的底背离、顶背离

PSY 指标的底背离和顶背离通常伴随着低位金叉、多次金叉或高位死叉、多次死叉。

PSY 指标的底背离：在原有趋势向下的基础上，股价不断创出一波比一波更低的低点，而同时 PSY 指标线的低点却没有随之降低，反而较前一低点更高。这说明了行情虽然在下跌，但下跌的天数并未随着下跌的深度加大而增加，反而上涨的天数有所增加，这是好的兆头，适合看多做多，行情大多在不久之后反转向上，如图 5–12 所示。

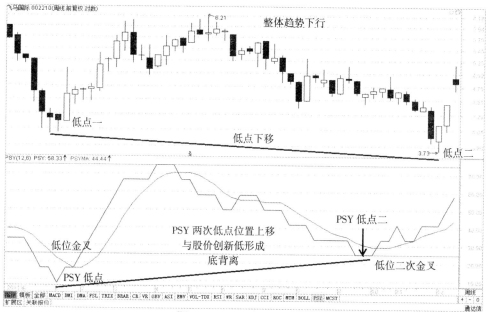

图 5-12 PSY 指标底背离

PSY 指标底背离的后续走势，如图 5-13 所示。

图 5-13 PSY 指标底背离后的走势

就在底背离出现不久后，股价开始走入新形成的上升趋势中去，一扫之前的阴跌霉气。

PSY 指标的顶背离：是指在原有趋势向上而股价却不断创出一波比一波更高的高点，而 PSY 指标线的高点却没有随之升高，反而较前一高点更低。这说明了行情虽然在上涨，但上涨的天数并未随着上升的幅度增加而增加，反而下跌的天数开始增加，这是投资者不看好后市的信号，适合看空做空，行情大多在不久之后反转向下，如图 5-14 所示。

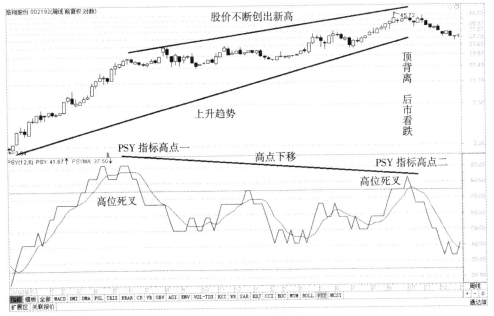

图 5-14　PSY 指标顶背离

PSY 顶背离的后续走势，如图 5-15 所示。

就在顶背离出现不久后，股价走入了下降趋势中，开始漫长的下跌，如果未能在高位卖出，很有可能损失惨重。

图 5-15　PSY 指标顶背离后的走势

第六章　KD 随机（KD）指标

一、什么是 KD 指标

KD 指标是由乔治·莱恩首创，最早时该指标用于期货市场，后被引入股市技术分析中，成为股市技术分析中的杰出代表，如图 6-1 所示。

图 6-1　KD 指标

KD 指标比较灵敏可靠，一般处在低位金叉时总会带来一次较有把握的买入信号，而在高位死叉时也能卖在这一波上涨中较高的位置上，如图 6-2 所示。

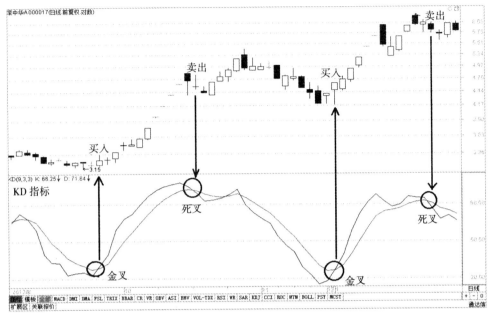

图6-2 KD指标的金叉与死叉

KD指标之所以这么受短线投资者的欢迎，就是因为它能很好地捕捉到一个上涨波段的较大的利润。

二、KD指标的含义

该指标是计算当前价格位于某一阶段最大价格区间中的位置比例，如果当前价格正好是这个区间的最高点，则该值等于100，否则如果当前价格正好是这个区间的最低点，则该值为0，如图6-3和图6-4所示。

传统上我们把股价处在这个价格区间的0%~20%叫作超卖区，超卖区代表卖方已经处在极端范围内，很有可能反转上涨，如图6-5所示。

传统上把80%~100%叫作超买区，超买区代表买方也已处在极端范围内，很有可能反转下跌，而在20%~80%一般没有什么参考价值。

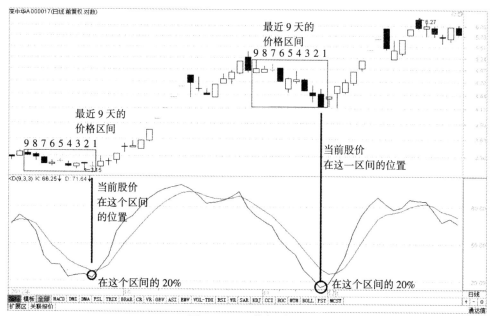

图 6-3　KD 指标（一）

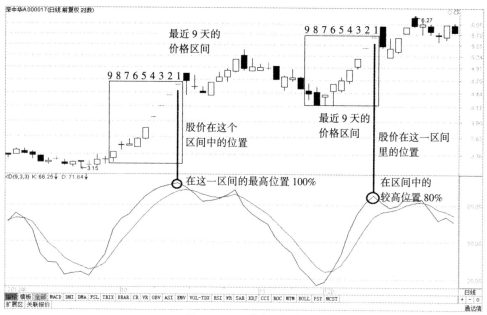

图 6-4　KD 指标（二）

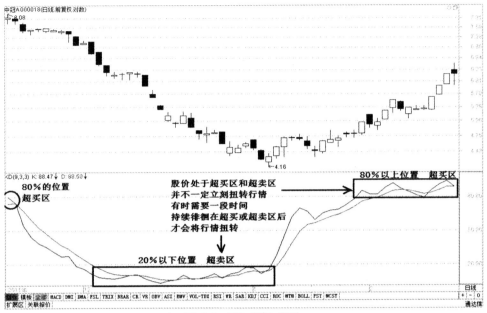

图 6-5   KD 指标（三）

有时股价也会徘徊在超卖或超买区一段时间，这通常代表行情单边强势上涨或下跌。

三、KD 指标的特点

1. KD 指标的趋势性

图 6-6 显示了 KD 指标的上升趋势图，基本上与上升趋势线同步向上。

图 6-7 则展示了 KD 指标在股价处于下降趋势时，K、D 两指标线也处在向下的走向中，也基本与下降趋势同步，甚至早于趋势线所发出的买入信号。

所以 KD 指标同样具有趋势性。

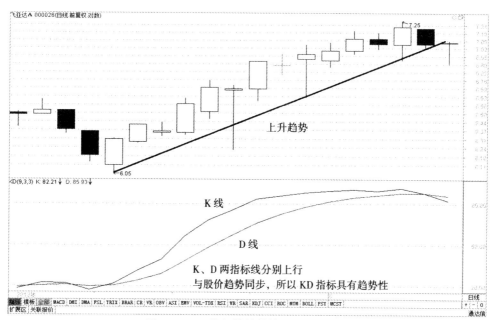

图 6-6　KD 指标的趋势性——上升趋势

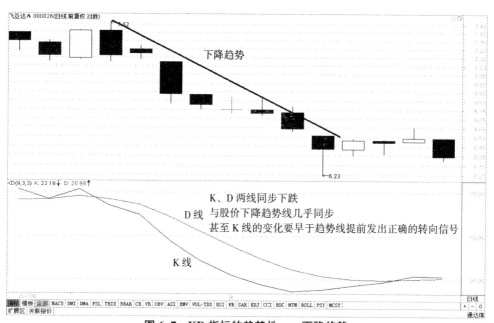

图 6-7　KD 指标的趋势性——下降趋势

2. KD 指标的稳定性

因为 KD 指标的 K 线和 D 线也使用了平均算法，所以能在股价杂乱无章的变化中始终显示出股价内在的趋势。这对投资者来说是一个好的指引,方便投资者摸清股价目前的趋势和趋势的力度或变化,如图 6-8 和图 6-9 所示。

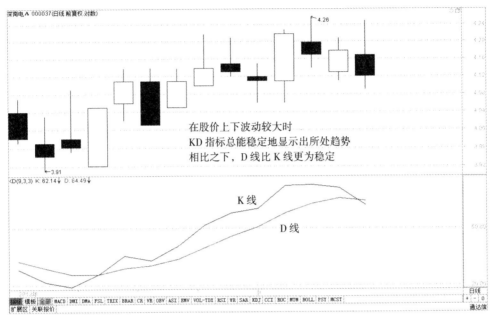

图 6-8　KD 指标的稳定性(一)

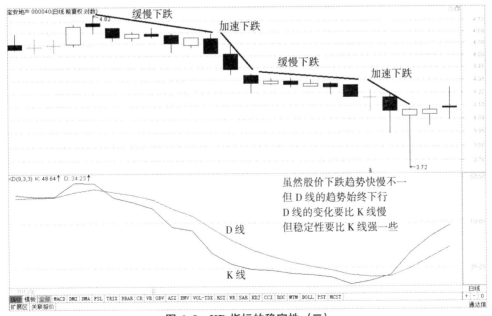

图 6-9　KD 指标的稳定性(二)

如果摸不清股价的趋势时，不妨调用一下 KD 指标的 D 线来观察，也许会有意想不到的收获。

D 线虽然比较稳定，但带来的问题就是它的滞后性。这几乎是所有指标的通病，稳定和滞后是对孪生兄弟。

3. KD 指标的滞后性

KD 指标中的 D 线滞后情况并不严重，所以随机指标大受短线投资者的欢迎而常被使用，如图 6-10 所示。

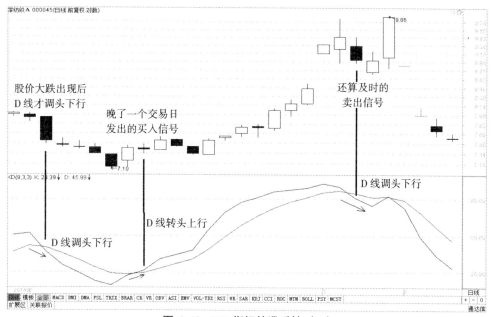

图 6-10 KD 指标的滞后性（一）

滞后现象没有其他指标严重，这主要是由于该指标参与计算的天数比较少，只统计最近 9 个交易日的价格区间。如果天数增多，也就和长期均线一样慢得离谱了，如图 6-11 所示。

图 6-11 显示了参数被放大 100 倍的 KD 指标线和股价走势对比。

我们可以看到，参与计算的天数越大，指标越滞后。很多在短周期参数下灵敏的指标在这就显得迟顿，股价已经涨了一半，D 线才发出买入信号；股价跌了大半时 D 线才发出卖出信号，一对比 D 线买入和卖出的价格，居然在这样的大涨行情中出现亏损。

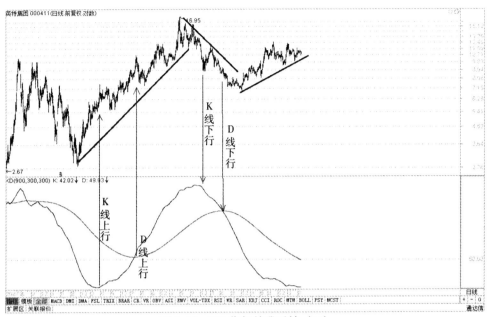

图 6-11　KD 指标的滞后性（二）

　　不过，KD 指标还是所有指标中最为灵敏的一个，只要我们不把参数放大或增加，滞后性就不那么明显。

　　4. KD 指标恒高与恒低的单边市

　　股价往上一个劲地涨，并且不断创出 9 天以来的新高，这样随机指标的 K、D 两线就会一直处在 80%~100%，这就是单边市。有时这种单边市还会持续一段时间，不能简单地认为它已到超买区就将手中的股票卖出或不敢追进，如图 6-12 所示。

　　当股价一个劲地下跌并且不断创出 9 天以来的新低，这样的话，KD 指标的 K、D 两线就会一直处在 0%~20%，形成单边下跌。这种单边市还将持续一段时间，不能草率地认为它已到超卖区就急于买入，如图 6-13 所示。

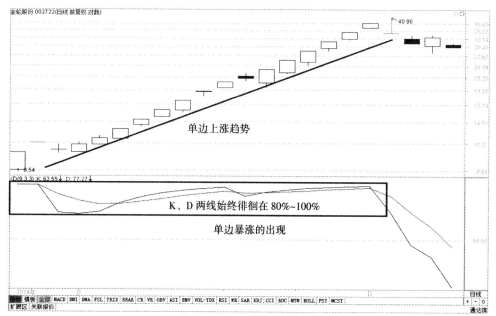

图 6-12　KD 指标两线恒高

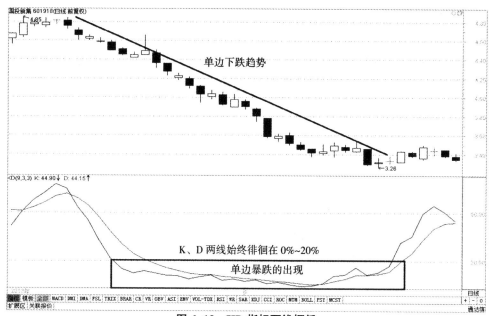

图 6-13　KD 指标两线恒低

四、KD 指标的多头、空头排列

多头排列：KD 指标的 K 线和 D 线同时上行时，意味着股价在不断创出短期新高，这有利于看多和做多，对于短线投资者较为有利。

如果按照图 6-14 所示中 K、D 两线同时上行时买入，有一方向下时卖出，获利也不小，而中、长线投资者就不适合这样操作。

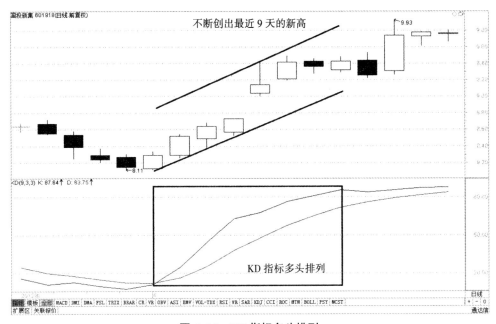

图 6-14 KD 指标多头排列

空头排列：KD 指标的 K 线和 D 线同时下行，说明股价在不断创出短期新低，这不利于看多和做多，对于短线投资者来说这不是个好信号，如图 6-15 所示。

在空头排列之后未必就会上涨，但有些激进的投资者还是会在这里等待机会，如果经验不够丰富，还是不要期望在这种空头排列形态中获得利益。

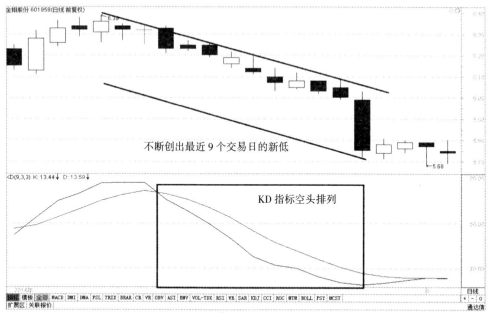

图 6-15　KD 指标空头排列

五、KD 指标的金叉、死叉

　　金叉：由空头排列演变而来，之所以会出现金叉现象，这是因为在空头排列中股价不断创出阶段新低，在金叉出现前股价没有再创出新低，反而逆转向上上涨，而且这种情况持续两个交易日以上时，就会出现金叉。预示着下跌动能减小，上涨动能在暗暗增强，是短线投资者参考买入的重要信号之一，如图 6-16所示。

　　死叉：是由多头排列演变而来，因为在多头排列中股价不断创新高，在死叉出现前股价没有再创出新高，反而反转向下下跌，这一情况持续两个交易日以上，就会出现死叉。这个形态预示着上涨力度在减小，下跌动能在不断增加，是短线投资者参考卖出的重要信号之一。

　　下面再介绍一种更为精准的信号，即低位二次金叉和高位二次死叉。

图 6-16　KD 指标金叉与死叉

六、KD 指标低位二次金叉

第一次金叉发生时，说明股价再下跌的动能在减少，已经开始有做多的投资者在尝试买入，结果没能止住下跌，在第二次发生金叉时，说明多方正要发动第二次反攻，很可能将空方击倒，这将最终导致行情逆转向上。

低位二次金叉经常出现，可靠性要比单一的金叉高许多，这是因为二次金叉时多方的坚定决心比单一金叉时更强，如图 6-17 所示。

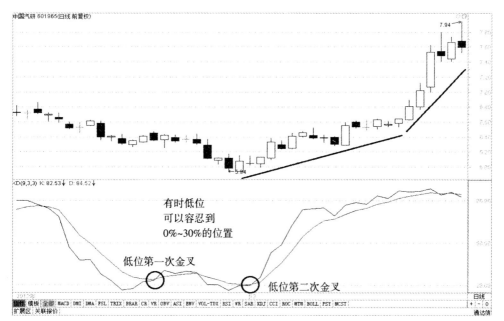

图 6-17　KD 指标低位二次金叉

七、KD 指标高位二次死叉

　　在第一次死叉发生时，持有该股的投资者多少有些忌惮，股价下跌的潜在可能性在增加，不少投资者都有见好就收的预想。在第二次死叉出现时，这些预想成为卖出的理由，从而导致股价完全下跌。

　　高位二次死叉也经常发生，比一般的死叉可靠性要高出许多，如图 6-18 所示。

　　与二次金叉、死叉类似的是 KD 指标的顶背离、底背离。

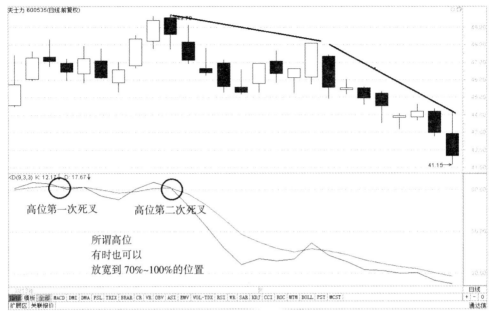

图 6-18　KD 指标高位二次死叉

八、KD 指标的顶背离、底背离

顶背离：所谓顶背离，是指股价不断创出新高，而 KD 指标的读数却没有相应增加反而减小，如图 6-19 所示。

这说明股价之前的下跌幅度较大，所以稍微有一点反弹或反转，KD 指标就会反应比较大，从而形成第一个高峰，当股价被证实反转后，再创出新高的可能性增加，但如果创新高的力度不够大时，就会在后面的峰值出现时读数还没有第一次高峰的读数高。

也就是说，多方上攻的力度相对第一次高峰要小，股价虽然在不断创出新高，但已现颓态，是反转下跌的有效判断依据。

底背离：是指股价不断创出新的低点，但 KD 指标的读数却没有相应地降低，而是不断抬高，如图 6-20 所示。

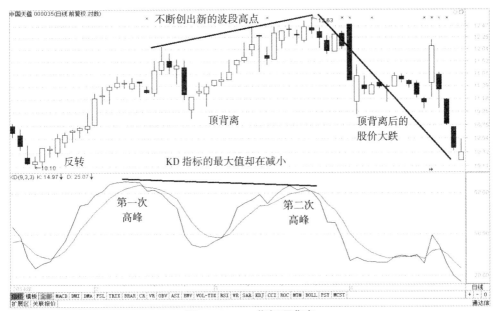

图 6-19　KD 指标顶背离

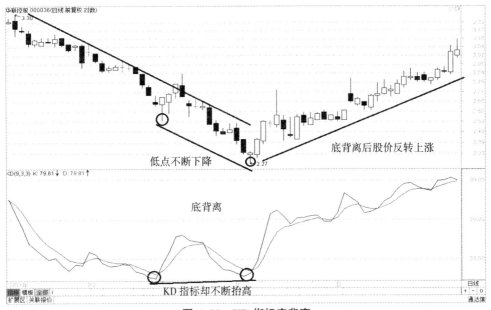

图 6-20　KD 指标底背离

　　股价不断创出新的低点，看似空方（看空做空）很强悍，实际上相对于之前的下跌幅度来说，下跌力度已有所收敛，这可以从 KD 指标的读数没有随之相应地降低看出，最终可能会引起反转。

第七章 综合运用实战案例

一、案例一——东方国信（300166）

图 7-1 是个股东方国信（300166）2014 年上半年的日线走势，大致上看股价一直盘整向上，90 日均线仍然在缓慢上行，这有利于看多和做多，后市仍然会继续上涨。

图 7-1 东方国信（300166）日线走势

7月9日，股价开盘直接一字涨停板封住价格，不再下跌，并且突破了此前维持较长时间的盘整区间压制线，如图7-2所示。

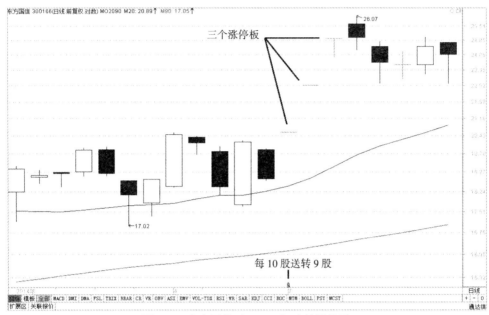

图7-2　东方国信（300166）连续涨停板

由于该日出现每10股送转9股的利好消息，一般来说一个公司利润增加了才会实行送转。

所以在当日开盘时就已经一字涨停，如图7-3所示，除了开盘前以涨停价买入外，别无他法，问题是谁能预先知道它会直接涨停呢？又有谁会愿意在高价位再以更高的价格买入呢？

因为封住涨停后，愿意卖出的意愿减少，所以当日成交额极低，持有股票的投资者还想它涨得更高，最好是连续几个涨停板，当然是越多越好。

果然，次日便再次开盘涨停，普通的投资者根本没有买入的机会。奇怪的是早盘有一笔7000多手的卖单瞬间卖出，这是由于开盘后有众多的涨停板敢死队在涨停价排队买入，而且追涨停的买单肯定高于7000手，所以盘中被瞬间卖出7000手而没有影响到价格，自然价格就不会下跌，所以涨停板依旧保持不动，如图7-4所示。

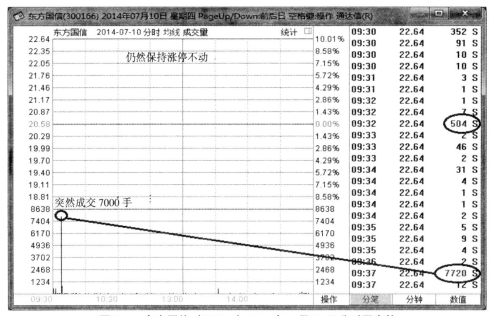

图 7-3 东方国信（300166）2014 年 7 月 9 日分时图走势

图 7-4 东方国信（300166）2014 年 7 月 10 日分时图走势

当然这次盘中卖出几千手也预示未来可能会有更大的卖盘出现，不能再追高追热了，要小心谨慎。

在接下来的交易日里，又见开盘大卖单，仅仅在开盘就卖出了 5000 手，随后股价价曾一度下跌失守涨停板，如图 7-5 所示，但随后在成交量不放大的情况下又封住涨停，说明这波回涨是由于追涨停的投机者所为，他们迫切希望买入这只涨停股，但不知这只个股未来上涨的可能性越来越低，这就叫作"不作死就不会死"。

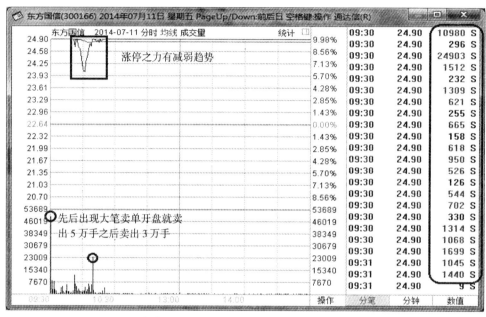

图 7-5　东方国信（300166）2014 年 7 月 11 日分时图走势

我们可以简单地认为该日的成交额就是某某庄家机构获利的金额，当然，这是包含了成本的，但我们不知道这个成交额占该机构成本的百分比，不知道他们的具体投资额度，如果这 4.8 亿元只占其资金的少数一部分，那么未来行情还将延续上涨之势，如果仅仅就是 4.8 亿元的成本，那未来一定会下跌，如图 7-6 所示。

根据之后的走势估计，行情在高位只是小跌回涨停前的位置，之后在这一区域继续震荡上行。再观察这一时段的成交量，是逐步缩小，极可能是震仓行为，预计机构的成本远高于 5 亿元，故此我们可以猜测出未来的行情仍将持续之前的上涨行情，如图 7-7 所示。

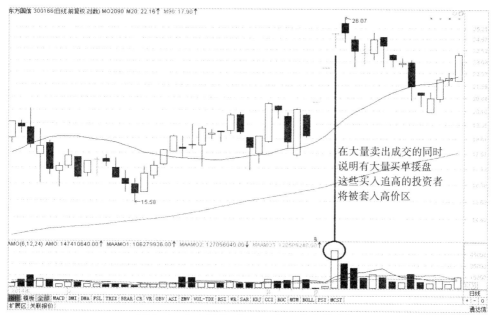

图 7-6 东方国信（300166）日线走势分析

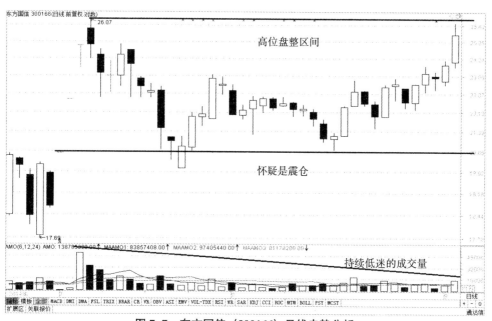

图 7-7 东方国信（300166）日线走势分析

在其后一个多月的时间里，行情继续盘整中，回调时并未再跌破该区间的底线，说明这个区间底线已具备支撑作用，另外成交额也持续低迷中，我们可以在这个区间内寻找买入的机会，如图 7-8 所示。

图 7-8　东方国信（300166）日线走势分析

观察其他技术指标的情况得知，如图 7-9 所示。

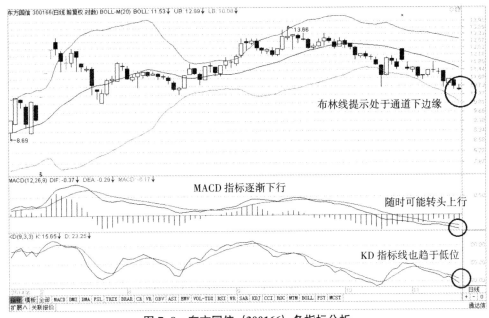

图 7-9　东方国信（300166）各指标分析

（1）股价一直徘徊在布林通道的下边缘附近，提示风险已趋于最小化。

（2）MACD 指标逐渐向下并穿越了 0 线，目前处于低位，并且从红绿柱的变化上看，有加速向上的倾向。

（3）KD 指标近期也处于 20 以下的位置，说明了行情可能已经见底。

综合来看，行情很可能已经进入了低位，适合寻机买入了。

于是我们发现这个交易日正好是 20 日均线和 90 日均线发生死叉信号的时间，这是个千载难逢的好机会，买入计划就此启动，在该日收盘前买入，事后证明这次买入的价格正巧是相对较低的价格，如图 7-10 所示。

图 7-10 东方国信（300166）日线死叉

11 月 18 日，再报收一只大阳线，连破 20 日均线、90 日均线两条均线的压制，如图 7-11 所示。

细看该日分时图，20 日均线的压制很轻松就突破了，而 90 日均线附近却来回震荡了一天才勉强站稳，可知今日后劲不足，还需要观察后续走势，如图 7-12 所示。

图 7-11　东方国信（300166）日线走势

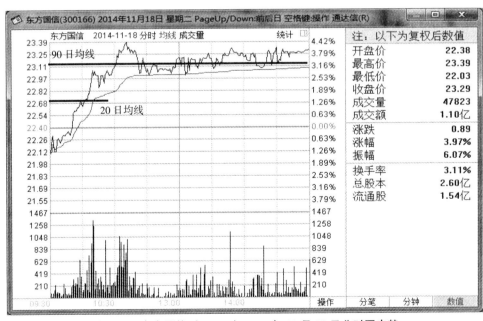

图 7-12　东方国信（300166）2014 年 11 月 18 日分时图走势

从 19 日分时图上看，股价维持在 90 日均线附近徘徊，向上突破 90 日均线似乎没有这么容易，如图 7-13 所示。

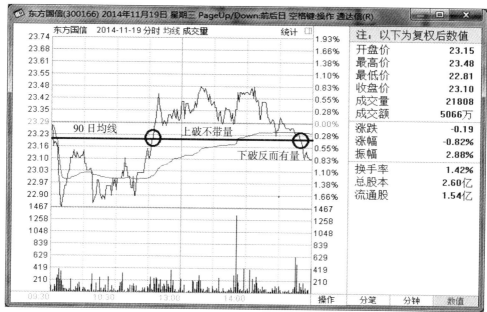

图 7-13　东方国信（300166）2014 年 11 月 19 日分时图走势

　　20 日，股价终于突破了 90 日均线的纠缠，尾盘更是放量上涨，预示上方基本无压力，如图 7-14 所示。

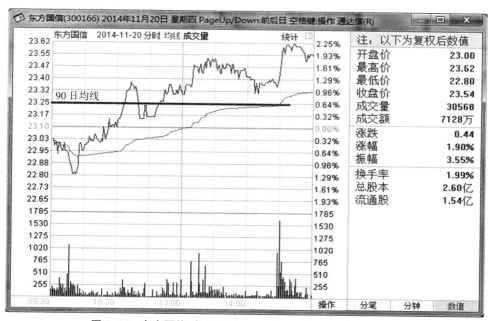

图 7-14　东方国信（300166）2014 年 11 月 20 日分时图走势

下个交易日是一个较好的突破买入信号，但是由于目前价格已较之前买入的价格较高，而且已经突破了下降趋势线，并且成交量已经显著放大，我们就不要再去追高跟风了，虽然只买入了一成仓位，但是风险也降低不少。

从各经典指标走势上看：

（1）股价似乎在布林线上边缘处受到压力，以致收出一根带有明显上影线的 K 线来，显示出上行压力不小。

（2）MACD 指标提示行情会加速上行，这个信号也非常可靠。

（3）KD 指标显示股价已处高位，暗示需要注意风险。

总的来说，未来看涨是主调，但此时不宜再追高，即使是超短线操作也不能使用太大的仓位，如图 7-15 和图 7-16 所示。

图 7-15　东方国信（300166）突破均线

图 7-16　东方国信（300166）各指标走势分析

我们画出一条支撑线，如果股价先跌破支撑线就卖出，如果先出现均线的金叉也应卖出，如图 7-17 所示。

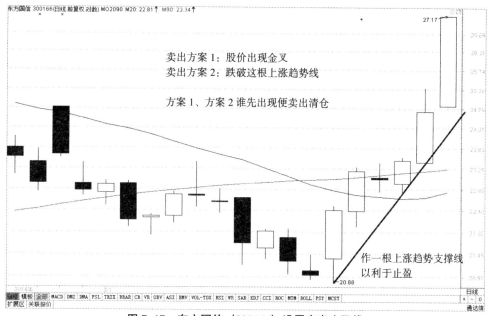

图 7-17　东方国信（300166）设置卖出止盈线

由于之前只买入了一成仓位，所以一旦出现金叉或跌破趋势线，都要及时卖出以完成此次交易。

11 月 24 日，股价高开 2.86%，在盘整了一个多小时后，直封涨停板。面对这样让人心动的行情，我们不要再去追高，那样会使我们的平均成本有较大幅度的抬高，同时利润也有所降低，关键是风险会逐渐增加，这样就降低了安全系数，如图 7-18 所示。

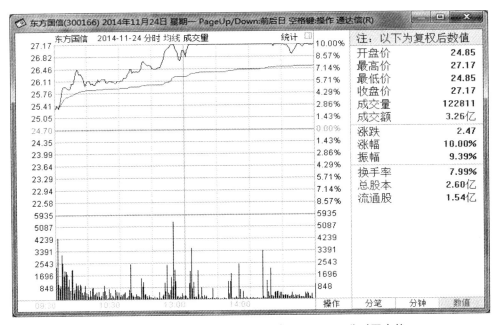

图 7-18　东方国信（300166）2014 年 11 月 24 日分时图走势

次日，行情再次高开 2%，并几乎直线式冲高到 7.47% 的位置，但之后没有坚守住，尾盘有所回落，留下较长的上影线，如图 7-19 所示。

随后股价没有继续上行，而是横向盘整了两个交易日。

在均线的反向操作中，遇到金叉信号后，就是卖出信号了，如图 7-20 所示。

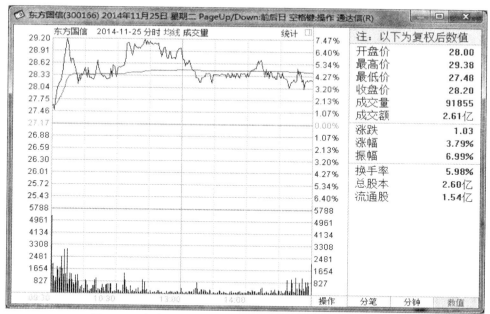

图 7-19　东方国信（300166）2014 年 11 月 25 日分时图走势

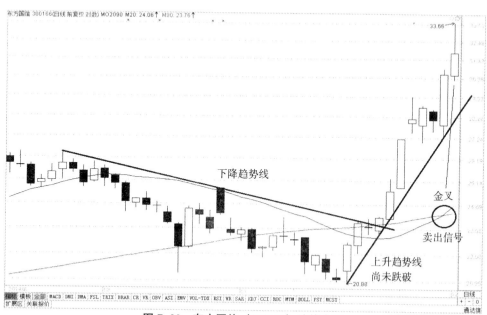

图 7-20　东方国信（300166）均线金叉

　　观察其他指标的信号可知：股价已多日处于布林通道上缘之外，极为强势，也提示风险极高；而 MACD 指标则红柱高企，且略有减速之意，不是好兆头；KD 指标也提示股价已处于较高的位置，应该注意风险，如图 7-21 所示。

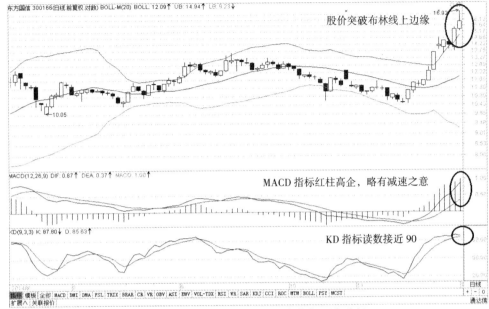

图7-21 东方国信（300166）各指标形态分析

如此一来，增加了这次均线卖出信号的可靠性。

随后股价确实没有继续上行，而是横向盘整了两个交易日。

12月1日，20日均线向上穿越了90日均线，发出金叉卖出信号，我们就在该日收盘前卖出即可。虽然该日早盘曾一度封住涨停板，但我们要按计划行事，要讲纪律、讲原则，在尾盘卖出也能赚钱，如图7-22所示。

此次交易总体盈利51%，已十分可观。经验丰富的投资者能赚到更多，那是需要时间和学费来积累的，如图7-23所示。

我们只赚能赚到的、能预计到的东西，不去追求偶然或低概率的目标。

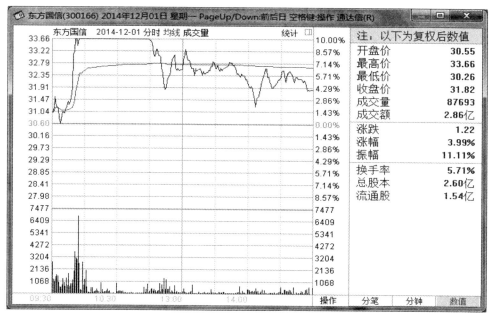

图7-22 东方国信（300166）2014年12月1日分时图走势

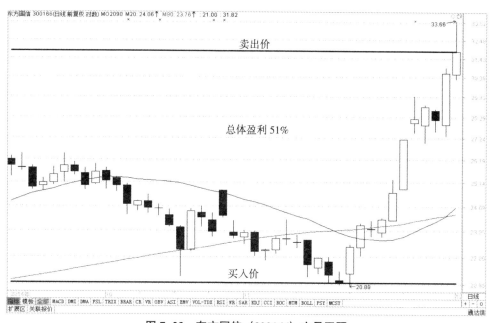

图7-23 东方国信（300166）交易回顾

二、案例二——文山电力（600995）

　　这是个股文山电力（600995）2010 年 5 月中旬至 2012 年 12 月中旬的走势，近期处于熊市阶段，股价处在明显的下降通道中，仔细看来目前股价似乎得到了道通中线的支撑，可见目前或未来的股价不太可能低于该线水平，如图 7-24 所示。

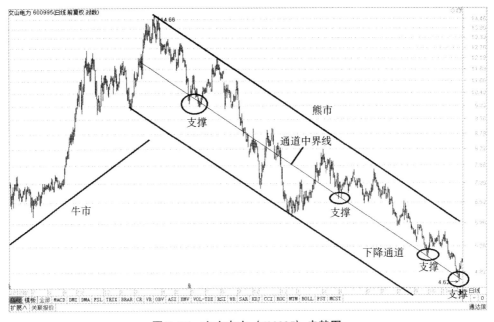

图 7-24　文山电力（600995）走势图

　　调出 20 日均线和 90 日均线指标，我们可以看到该股从高点下来一共出现了两次均线的死亡交叉，在个股处于熊市时均线的死叉是较好的买入信号。我们来说说 A、B 两点出现的死叉为什么不能盲目买入和怎样在买入的情况尽快脱身，如图 7-25 所示。

　　A 点处，大盘同期仍属牛市末期，虽然该股已出现下降趋势，但量能萎缩估计还有不少坚持看涨做多的支持者，预计未来会有一波反弹，如图 7-26 所示。

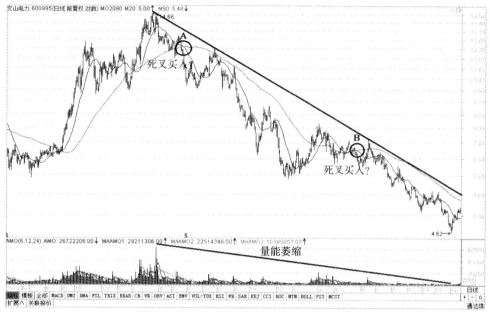

图 7-25 文山电力（600995）走势图分析

图 7-26 文山电力（600995）均线死叉

　　调出常用的布林线、MACD 和 KD 指标。看到股价处于布林通道中下段附近，而 MACD 绿柱开始变长，预示行情会向下行走一段时间，而 KD 指标的读数基本没有参考价值，如图 7-27 所示。

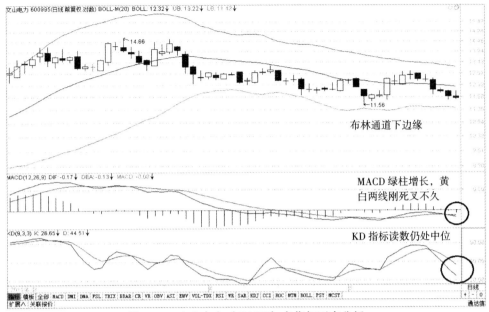

图 7-27　文山电力（600995）各指标形态分析

如果手上没有买入这只个股，建议不要轻易买入它，因为目前买入它的风险比较大。如果想尝试短线交易赚一点就跑的话，可以在今日分批买入，在未来行情反弹到 90 日均线之上时再按短期支撑线作为止盈止损线卖出。

图 7-28 展示了从 A 点死叉时开始买入，另每隔五个交易日分别买入的五批次该股股票，平均买入价格为 10.76 元。

2011 年 6 月 27 日，该股终于向上突破并站稳 20 日均线之上，此时还需等待股价再向上破 90 日均线方可考虑卖出。因为观察大盘走势已极为弱势，考虑股价日后突破 90 日均线后估计站稳不了多久，还是以 90 日均线作为止盈最为稳妥，如图 7-29 所示。

不久，该股在 20 日均线附近回调并得到支撑后直接涨停板，但后期在 90 日线之下徘徊一周多时间才最后完成突破。但对比两次突破的成交量能却显后劲不足，按原先的计划应该 90 日线被突破时卖出，现在看来量能后劲不足加大了这个卖出信号的可靠性，遂决定在当日收盘价前卖出全部该股股票，本次短期交易可盈利约 12%，如图 7-30 所示。

图 7-28 文山电力（600995）分批买入

图 7-29 文山电力（600995）起涨

图 7-30 文山电力（600995）量价背离

随后的走势证实了这一点，该股股价从此一蹶不振，一泻千里，从卖出价的 12.12 元一直下跌到 6.93 元，差不多跌了一半，如图 7-31 所示。

图 7-31 文山电力（600995）卖出后走势

前面我们讨论了 A 点即牛市末期的反向操作短线交易。如果是 B 点的死叉，又该如何分析和操作短线交易呢?

B 点时同期大盘已处于熊市中，这一阶段中使用反向操作法则风险比较大，如果是短线交易的话倒还有些余地，卖出方法就是上破 20 日均线后即以一条短期趋势线为止盈止损线，或者突破 90 日均线都可以作为卖出参考信号，一旦跌破即刻卖出，这样可以尽可能避免更大的风险，如图 7-32 所示。

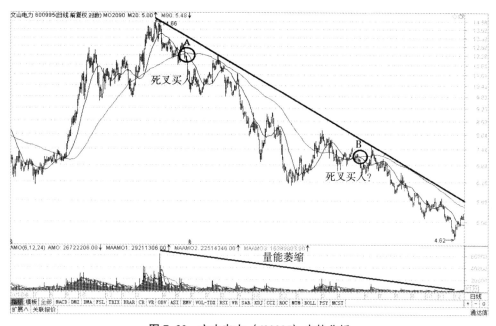

图 7-32 文山电力（600995）走势分析

图 7-33 展示了死叉发生于 ">" 形整理区间末期，并且成交量在区间内逐渐缩减的情况下，视目前大势不妙，以炒短线为主要手法，当日收盘前买入，成交价为 7.03 元。

后续走势又给了两次买进的机会，平均成本价降低为 6.86 元，如图 7-34 所示。

图 7-33 文山电力（600995）走势图，区间收窄

图 7-34 文山电力（600995）分批买入

这是 B 点的全程交易图，三次买入的平均成本价为 6.86 元，在突破 90 日均线当日的收盘价时卖出可盈利 6%。如果是以超短期趋势线来止盈卖出的话也可盈利约 4%，而在随后的走势中该股一路下跌至 4.6 元，如图 7-35 所示。

图 7-35　文山电力（600995）卖出分析

　　以上分别介绍了 A、B 两点所发出的均线死叉信号应用反向交易法则所该注意的事项和技巧，由于是下降趋势，所以买入后均不宜长期持有。

　　图 7-36 是该股 2011 年 1 月 11 日至 2013 年 1 月 4 日的走势，图中清晰可见

图 7-36　文山电力（600995）走势图

一条长达 2 年的下降趋势线，表明目前该股仍处于熊市之中。另外从量能走势来看，只要这条下降趋势线被有效突破，则行情很可能会转熊为牛，反转向上。

当前可以尝试在两条均线发生死叉时买入或分批买入。

2013 年 4 月 17 日两条均线终于发生了死叉信号，当日收盘 5.12 元即为我们第一批的买入成本价，如图 7-37 所示。

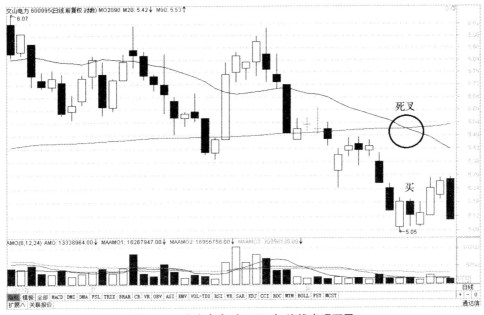

图 7-37 文山电力（600995）均线出现死叉

由于同期大盘也处于弱市中，该股相较于大盘并无任何明显强势之处，所以此次交易只能以短线为主，不宜恋战。

分批买入仍将继续，但股价一旦突破了 90 日均线就要迅速卖出。

随后的走势是支持看多做多的上涨行情，上涨幅度比较小，比较缓慢，我们先后有两次进场机会，第三次间隔五个交易日的买入时机为什么不宜跟进呢？这是因为一是当前以短线为主，二是股价已突破 20 日均线，并且 MACD 的红柱略显较高，加速略有减小，而 KD 指标则已见高位，如图 7-38 和图 7-39 所示。

所以，这些信息全部考虑进去的话就不适合再抬高成本价了，当前只要关注股价什么时候突破 90 日均线，就可以决定卖出，完成此次短线交易。

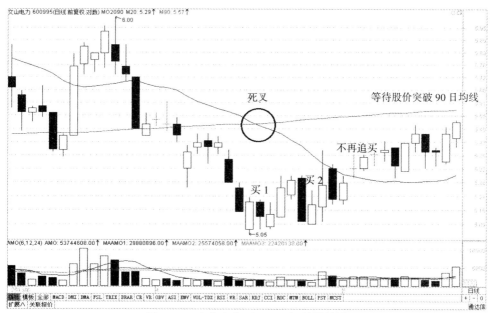

图 7-38　文山电力（600995）持股待涨

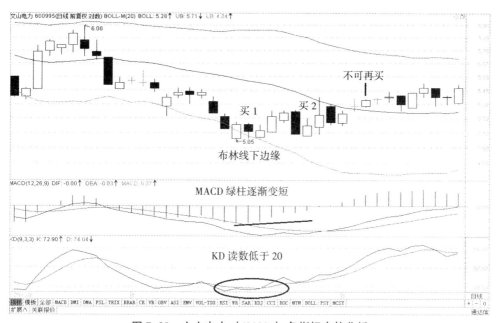

图 7-39　文山电力（600995）各指标走势分析

随后股价的走势确实没能再向上站稳 90 日均线，但我们有 5 次可以在 90 日
均线上卖出的机会，如图 7-40 所示。

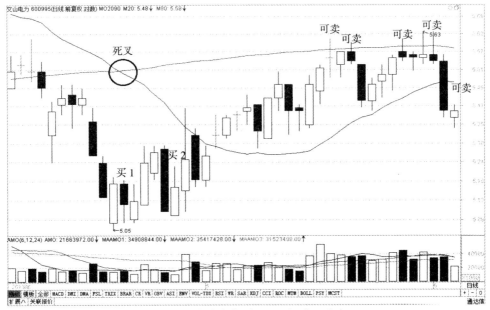

图7-40　文山电力（600995）该不该卖

观察其他技术指标也可以确定具体的卖出时机。如图7-41所示，在MACD红柱开始下滑时，是最好的、最可靠的卖出机会。

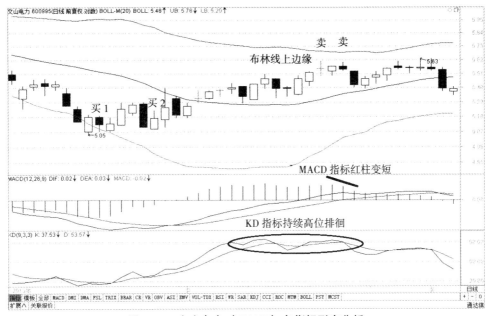

图7-41　文山电力（600995）各指标形态分析

总的来说，此次短线交易至少可以获利 5%。之后股价又开始下跌挖坑，进入新一轮的震仓洗盘行情。

三、案例三——*ST 中富（000659）

图 7-42 是个股 *ST 中富 4~6 月的走势图，自上一次死叉发生以来，已经受到 20 日均线和 90 日均线两条均线的长期压制，导致股价不断往下行走。

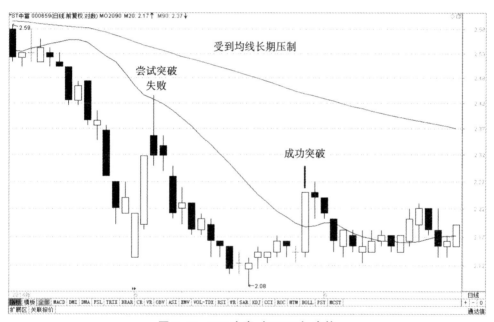

图 7-42 *ST 中富（000659）走势

5 月 5 日，被戴上 *ST 帽子，行情反而连续暴涨，如图 7-43 所示。

戴帽当日严重低开，盘整几乎一天后，尾盘小拉，报收中阳线。

次日，行情略微低开便在半小时内封住涨停，但换手率较前日更小，居然还不到此前换手率的一半，可以预见这是虚张声势，未来行情再向上的可能性不大，不可盲目追高，如图 7-44 所示。

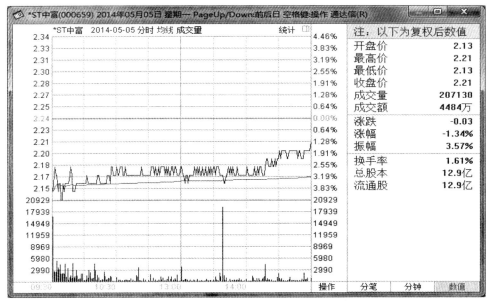

图 7-43 *ST 中富（000659）2014 年 5 月 5 日分时图走势

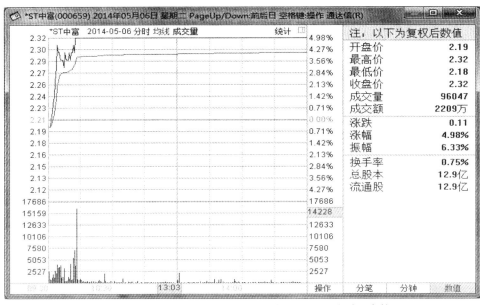

图 7-44 *ST 中富（000659）2014 年 5 月 6 日分时图走势

细观分时图，虽然早盘冲高，一度站上 20 日均线之上，但未能站稳，不久便开始连续下跌，说明多方进攻力度不够，而且防守也做得不好，连续遭受空方的打击，如图 7-45 和图 7-46 所示。

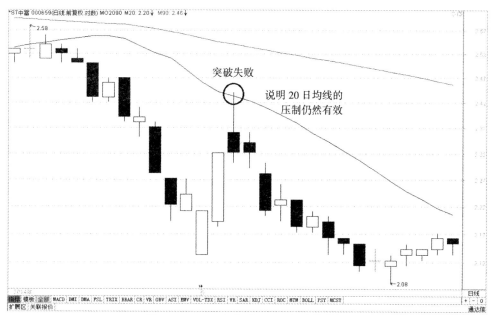

图7-45　*ST中富（000659）走势分析

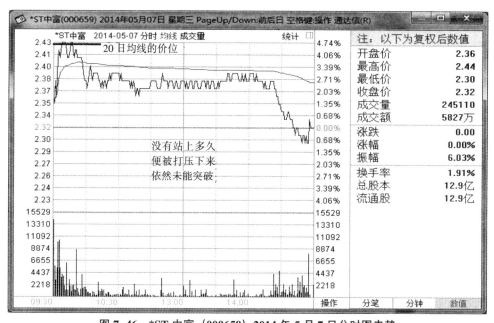

图7-46　*ST中富（000659）2014年5月7日分时图走势

这说明均线的压制依然有效，行情未进入反转阶段，如图7-47所示。

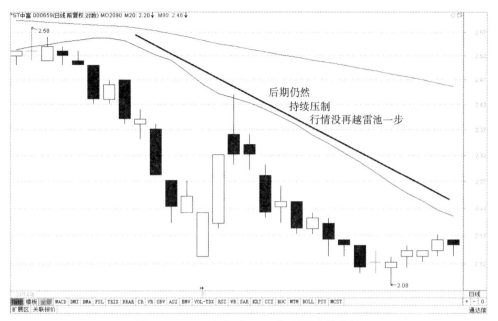

图 7-47　*ST 中富（000659）日线走势分析

从突破失败开始，行情仍然屈居于 20 日均线之下，如图 7-48 所示。

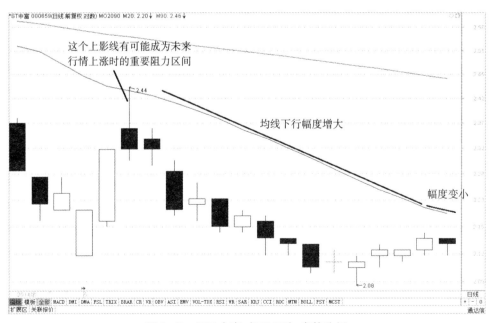

图 7-48　*ST 中富（000659）走势分析

预计突破失败当日所形成的上影线区域将会成为未来行情上涨的一个阻力区间，所以未来行情很可能在这个区间内受到不同程度的影响。

再来观察 20 日均线，它的下行幅度较之前有所收敛，行情很可能有再次尝试向上突破均线的可能，如图 7-49 所示。

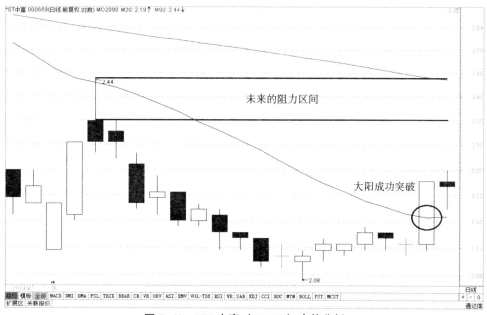

图 7-49 *ST 中富（000659）走势分析

5 月 29 日，股价报收光头大阳线，迅速突破了 20 日均线的压制，另外 20 日均线也在次日转头向上，这是行情反转上涨的先兆，如图 7-50 所示。

就在突破当日来看，行情上涨并未受到 20 日均线的任何干扰，说明 20 日均线已经失去了阻挡之力，接下来就要看它能否转换为支撑力了。

6 月初连续的三个交易日下跌，而且一个阴线比一个阴线大，预计行情将有一段盘整行情，区间应该就是这个成功突破的大阳线价位附近，如图 7-51 所示。

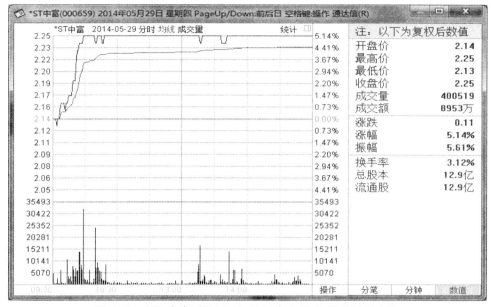

图 7-50　*ST 中富（000659）2014 年 5 月 29 日分时图走势

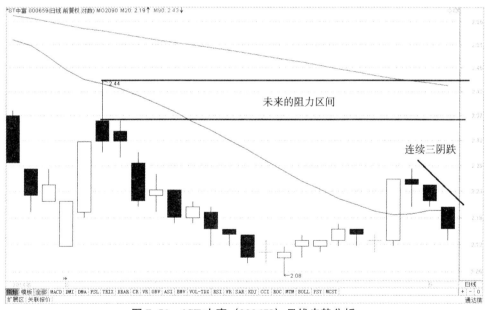

图 7-51　*ST 中富（000659）日线走势分析

　　正如预计的那样，行情在这之后盘整了一个多月的时间，20 日均线也由频繁转向改为缓慢上升，奠定了上升主调，现在就等着有一天行情向上突破区间的高点了，带量突破那是再好不过，如图 7-52 所示。

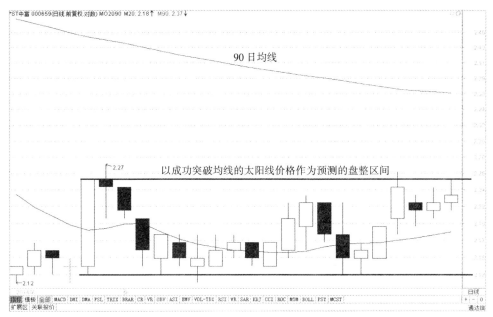

图 7-52 *ST 中富（000659）能否突破区间

再次突破后，虽然量能增加不明显，但已能维持在高位数个交易日，已然突破了区间高位，如图 7-53 所示。

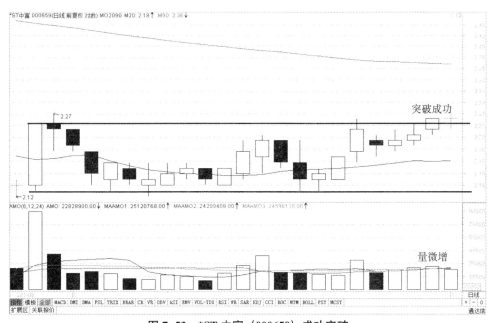

图 7-53 *ST 中富（000659）成功突破

区间高位盘整并未再跌破，说明突破是真实可靠的。20 日均线也由盘整时的横向转为缓慢向上，很可能行情将再次向上攀升。另外盘整时的量能没有跟着增加反而是不断减少，说明震仓的可能性很大。所以未来数个交易日很可能有新的上涨行情，如图 7-54 所示。

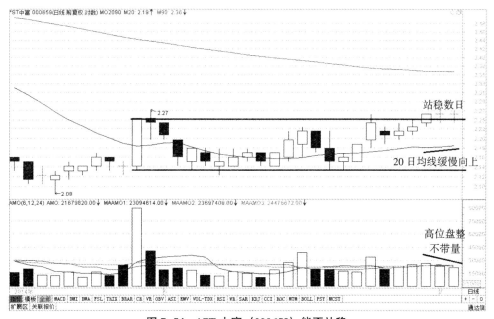

图 7-54 *ST 中富（000659）能否站稳

7月3日，再收一大阳线，马上拉开了盘整区间，使我们没有机会再在低价位买进。之前预计的上影线阻力区间看到了效果，股价虽然大步走高，但碰到了这个高压区间，连续两天站在这个阻力区间之下，还受到 20 日均线的压制，所以此双重压制的情况下，很可能再行盘整或是下跌，具体看盘整期间的量能变化，如图 7-55 所示。

在压制期间虽然行情下跌，但跌得不深，另外均线仍然维持向上趋势，而且量能上看，盘整期间成交额不断减小，震仓的可能性更大，所以我们认为这又是一次短暂的下跌，未来还会继续上涨，如图 7-56 所示。

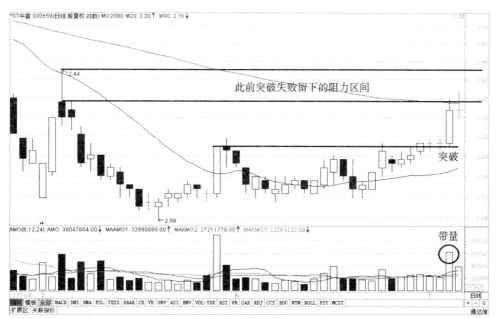

图 7-55 *ST 中富 (000659) 走势分析

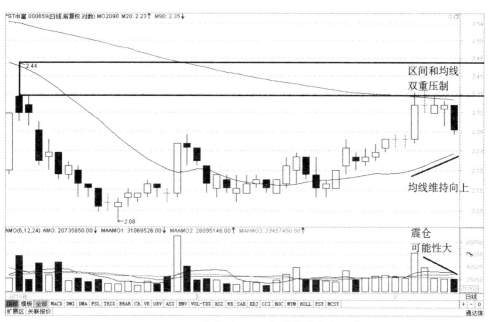

图 7-56 *ST 中富 (000659) 前期高位有阻力

果不其然，7 月 10 日、11 日、14 日连续三连阳，一举突破重重阻力，带量
上涨，如图 7-57 所示。

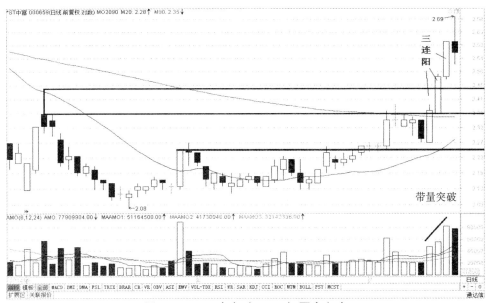

图 7-57 *ST 中富（000659）再次突破

7 月 10 日，股价突破阻力区间的下限，限于时间和涨跌幅度，当日并未再有进一步行动，如图 7-58 所示。

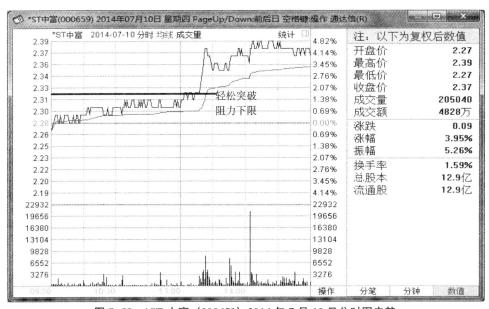

图 7-58 *ST 中富（000659）2014 年 7 月 10 日分时图走势

11 日，股价尾盘前突破阻力区间的最后一道防线，带量轻松突破，走出多头行情，均线也将出现金叉形态，如图 7-59 所示。

图 7-59　*ST 中富（000659）2014 年 7 月 11 日分时图走势

14 日，行情直接封住涨停板。

7 月 21 日，20 日均线在开盘后便向上穿越了 90 日均线，形成均线的金叉形态，并且其他指标也相继预示上涨，如图 7-60、图 7-61 所示。

图 7-60　*ST 中富（000659）日线走势

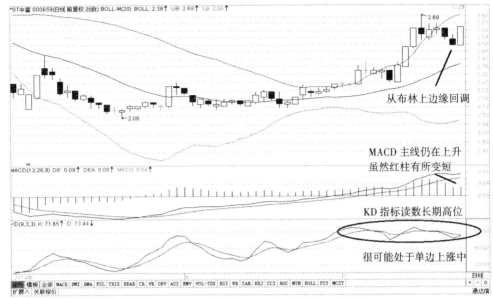

图 7-61　*ST 中富（000659）各指标走势分析

　　按计划，我们先在该日收盘价附近买入一成。每间隔 5 个交易日再行买入，如果行情好的话，可以连续买入，否则如果不涨或下跌，亏损的也不会太多。

　　按计划进行买入，但当均线的走势趋缓后不再买入操作，如图 7-62 所示，累计买入五成。

图 7-62　*ST 中富（000659）分批买入

　　下面是卖出的计划，正向操作一般是在死叉发生时卖出，但有时这个做法并不能获得多大的利益。我们通常选成交额作为辅助判断，代替滞后的死叉信号，先于死叉发生前卖到尽可能高的价位。

　　我们先记录下金叉当日的成交额是多少，然后对比之后行情，如果是金叉当日成交额的4倍以上，行情好的话会先卖出一成，不好的话卖出五成。

　　连续出现高成交额，会在更大的成交额日卖出一成或五成。

　　本例金叉当日成交额是0.279亿元，它的4倍是1.11亿元，凡是之后日成交额达到这个规模的，都会先卖出一成，如图7-63所示。

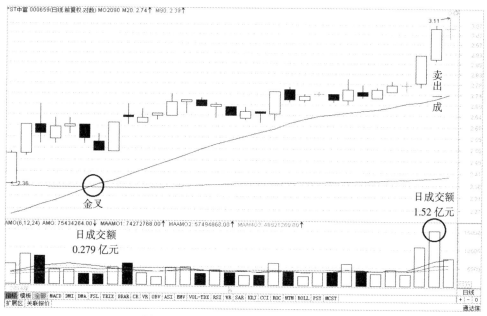

图7-63　*ST中富（000659）卖出分析

　　8月21日，由于当日暴涨带量，导致成交额暴增，较之前金叉当日成交额已有数倍之巨，所以在当日接近尾盘时，先行卖出一成，如图7-64所示。

　　可是当日尾盘封跌停板，遇到这种情况就忽略这次卖出计划，等待下一次卖出信号。

　　9月16日，该日成交额再度创出新高，成为卖出信号，按计划再卖出一成，如图7-65所示。

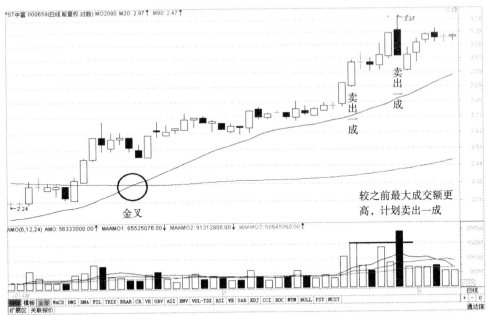

图 7-64 *ST 中富（000659）分批卖出

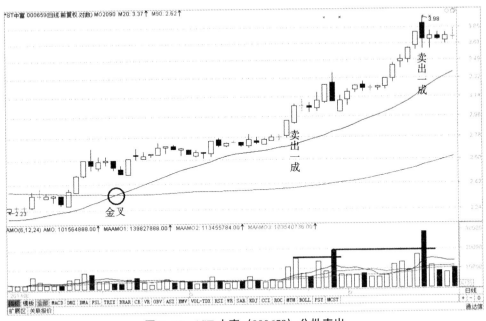

图 7-65 *ST 中富（000659）分批卖出

　　直到 10 月中旬，已累计卖出五成，完成清仓计划，先于死叉发生前卖出所有筹码，如图 7-66 所示。

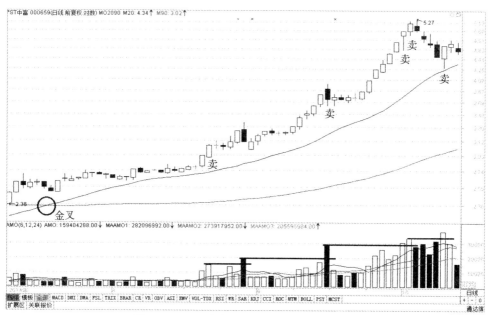

图 7-66 *ST 中富（000659）多次分批卖出

平均买入成本为 2.67 元，平均卖出价格为 4.31 元，总体利润约 61%，如图 7-67 所示。

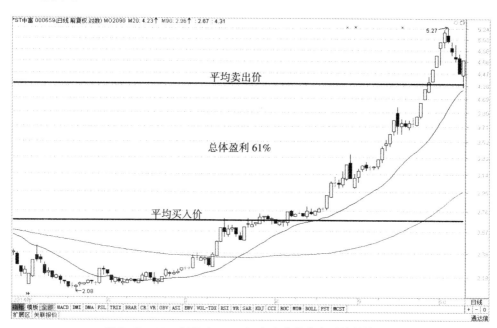

图 7-67 *ST 中富（000659）多次分批卖出后的整体盈亏

如果非要等到死叉才一起卖出，那利润还不到 61% 的一半，如图 7-68 所示。

图 7-68 *ST 中富（000659）后续走势

所以尽可能地按照成交额指标来辅助判断，提前在高价位卖出，是提高利润的一个技巧。

另外，我们也不应该一味地看重日线，有时可以关注其他周期的 K 线图和相关指标信号。如图 7-69 所示，是该股的周线信号图，将日线的交易信号完全浓缩起来了。机构庄家在日线上做假比较容易得手，但在更大周期的 K 线上却较难得逞，如图 7-69 所示。

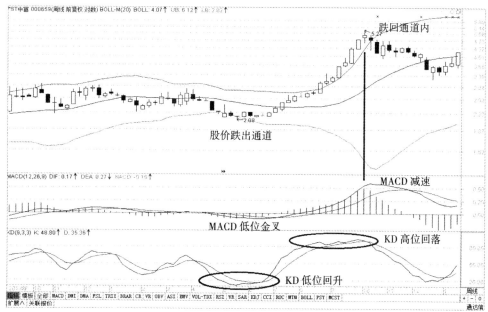

图 7-69 *ST 中富（000659）周线走势

四、案例四——经纬纺机（000666）

这只股票我们先看它在周线上的表现，指标显示股价前期创出 6.59 元的低位，KD 指标发出底背离看涨信号，预示周线级别的上升将要到来。随后 MACD 的低位金叉也跟着出现了，但是股价仍然在大幅震荡。不久前还曾被布林线上边缘压制回来，收出较长上影的阴 K 线，如图 7-70 所示。

近期看来，股价已连跌八周，KD 指标也已处低位，MACD 指标的柱线越来越短，不管是红柱还是绿柱，说明行情将要变盘，而这种情况选择在布林下边缘适机买入是最好、最理智的做法。

我们回到日线图上来，该股虽然刚刚发生完均线的死叉，但立马引发强力反弹，收出大阳线，接着连续数日形成上升三法形态，这是一个看涨的 K 线形态，如图 7-71 所示。

图 7-70　经纬纺机（000666）各指标形态分析

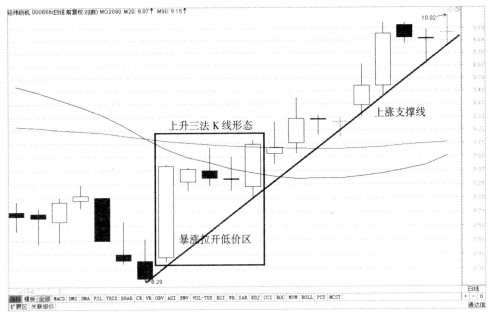

图 7-71　经纬纺机（000666）日线形态分析

　　之后的走势也证实了这一点，趋势一直向上，基本上图中的上涨支撑线都没有被跌破过，可见趋势之强劲。

　　反观两条均线，有将要出现金叉的可能。

2014 年 6 月 3 日发生均线金叉，行情已经跌破之前的上升支撑线，可是行情进入的不是下跌行情，而是横向盘整行情。各条均线纷纷向上，可以逐步买入一成仓位，当第四次买入时，20 日均线走平略往下走，所以后续不再进行买入操作，如图 7-72 和图 7-73 所示。

图 7-72　经纬纺机（000666）分批买入

图 7-73　经纬纺机（000666）进场机会很多

当然后续走势如果确实向好时，还是可以追加一些筹码的。

已经满仓操作，这一般属于极佳的行情中才这样做，如果行情不好，还应尽快清仓。

该股先后 10 次买入，平均成本价为 10.43 元，如图 7-74 所示。

图 7-74　经纬纺机（000666）多次买入后，平均成本价位线

行情在高位横向盘整，成交量却不断下滑，震仓的可能性高，后市仍然看好，如图 7-75 所示。

果然，次日报收大阳线一举上破盘整区间的上边缘，如图 7-76 和图 7-77 所示。

图 7-75　经纬纺机（000666）高位横盘震荡

图 7-76　经纬纺机（000666）再次向上突破

　　股价向上突破时没遇到任何抵抗，上行很轻松，预示看空的投资者在减少。这对于后市上涨是极为有利的。

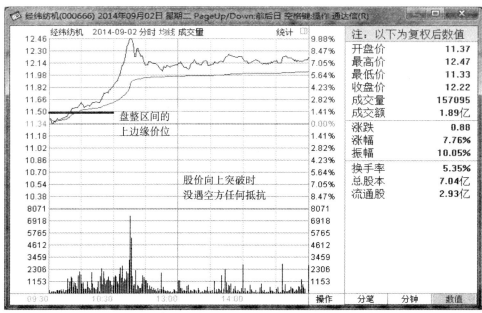

图 7-77　经纬纺机（000666）2014 年 9 月 2 日分时图走势

　　当然按计划，我们应该在今日收盘前卖出一成筹码，因为当日成交额已是金叉日成交额的 4 倍以上，如图 7-78 所示。

图 7-78　经纬纺机（000666）价量异常

虽然这笔卖出的账面利润并不高，但可以确保在均线死叉前，平均利润仍然高于死叉卖出的利润。

9月11日，成交额再创出上涨以来的新高值，所以在当日收盘前又卖出一成筹码，如图7-79所示。

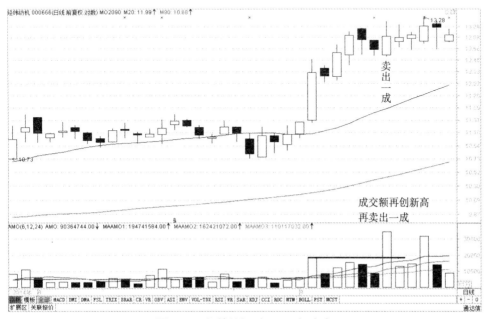

图7-79 经纬纺机（000666）卖出

11月6日，成交额暴增，再创新高，应该在今日收盘前卖出一部分筹码，如图7-80所示。

通过分析分时图发现，当日成交额集中于前一个小时内，而且完全是在盘中下跌3%时发生的放量下跌，随后又回涨7%~8%，很明显是在盘中诱空震仓，如图7-81所示。

之后的行情验证了这个观点，所以两条均线继续向上攀升，并且在12月9日再创出该上涨波段以来新的成交额高点，如图7-82所示。所以我们再在今日收盘前卖出一部分筹码。

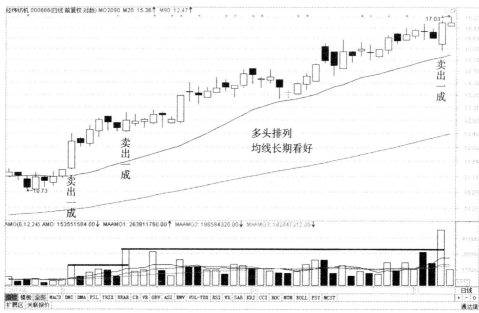

图 7-80 经纬纺机（000666）后期卖出

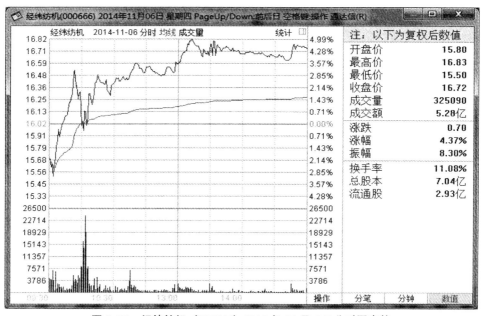

图 7-81 经纬纺机（000666）2014 年 11 月 6 日分时图走势

图 7-82　经纬纺机（000666）成交额和价格再创新高

之前我们累计买入了十成筹码，目前已卖出四成，但还有六成仍然持有，所以还要等待更高的成交额出现或是等到股价跌破均线或均线出现死叉后再逐个卖出，如图 7-83 所示。

图 7-83　经纬纺机（000666）高位卖出

随着时间推移或许还有更大的单日成交额，或者股价又被拉升至更高，到时卖出的平均价格也会随着抬高，利润肯定比 45% 更高，如图 7-84 所示。

图 7-84 经纬纺机（000666）交易回顾

如果嫌这样操作麻烦，也可以退回到周线或其他周期线图上去应用指标。

周线上，买入时虽然不是股价波段最低价，但是能买到一个相对安全的位置。随后股价一直攀升不止，但凡向上突至布林线上边缘时，总会受到压制而回调至 20 日均线附近，近期看 MACD 指标出现顶背离的可能性很大，所以可以考虑卖出。这样交易的利润也不比日线的差，也有可能更好，如图 7-85 所示。

五、案例五——四川长虹（600839）

这是四川长虹（600839）2014 年 2 月中旬到 4 月的日线走势图，图中我们观察到一个 ">" 形盘整区间，区间越来越狭窄，关键是它未来向哪个方向突破，如图 7-86 所示。

图 7-85 经纬纺机（000666）周线分析

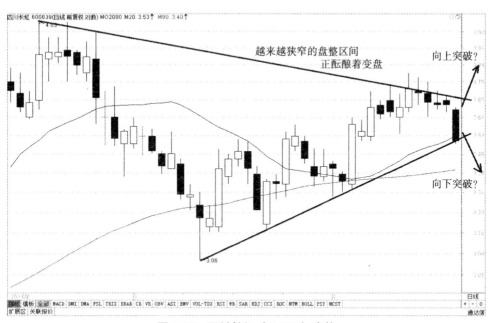

图 7-86 四川长虹（600839）走势

如果向上突破将进入新一轮的上涨行情中，如果向下突破的话，就可能导致行情下跌或盘整。

如果是进入盘整行情就有可能带来反向交易的介入机会。

此时不能做出任何预测，只能做好应对策略，以待各种情况发生后好做出相应的行动。

如果调出其他指标的话，可以看到股价长期不能站稳布林线上边缘，并被压制回来，MACD 指标则显示即将死叉的信号，KD 指标则先于 MACD 出现回落，可见行情未来很可能向下，如图 7-87 所示。

图 7-87　四川长虹（600839）各指标形态分析

4 月 22 日，股价突然跳空低开低走，连续多日放量下跌，恐慌盘连续抛出，极似震仓行为，继续关注等待反向操作的介入机会出现，如图 7-88 和图 7-89 所示。

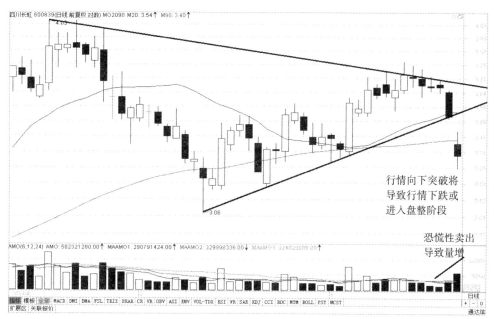

图 7-88 四川长虹（600839）向下

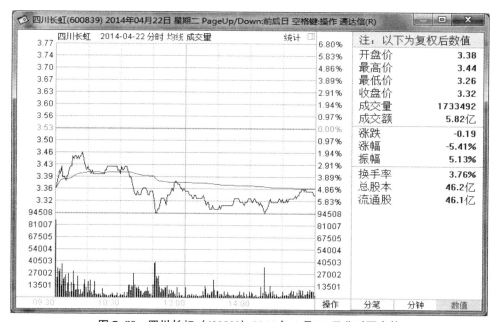

图 7-89 四川长虹（600839）2014 年 4 月 22 日分时图走势

24 日，行情再次向下暴跌，尾盘下跌较早盘放出更大的量，再次出现恐慌性抛盘，因此震仓还未结束，如图 7-90、图 7-91 所示。

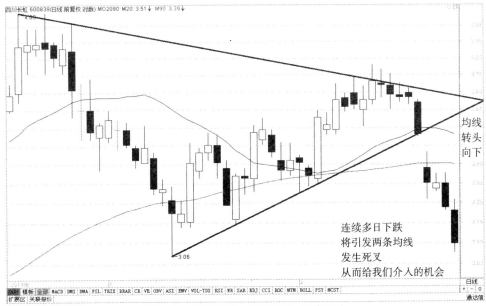

图7-90 四川长虹（600839）继续下跌

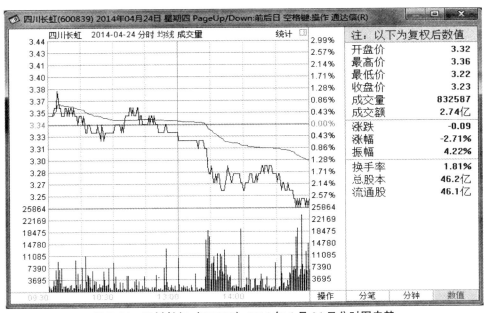

图7-91 四川长虹（600839）2014年4月24日分时图走势

25日，故伎重演，分时图上看与上一交易日的走势几乎一致，可见这是有目的的震仓行为，因此未来极有可能进入盘整区间进行较长期的震荡，这也为我们使用反向操作法提供了方便，如图7-92所示。

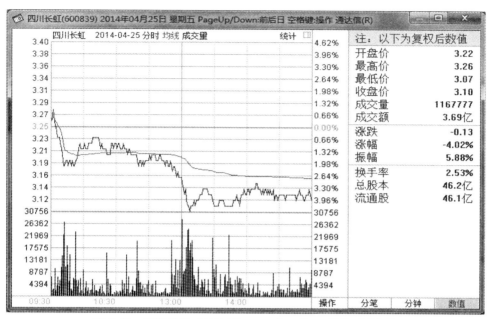

图 7-92 四川长虹（600839）2014 年 4 月 25 日分时图走势

之后的走势印证了我们的猜测，这果真是在震仓，而且新的盘整区间已经出现，我们的介入机会也出现了，如图 7-93 所示。

图 7-93 四川长虹（600839）低位盘整

不管是均线还是 MACD 指标、KD 指标，都提示这是一个绝好的买入机会。不管是在 MACD 指标底背离时买入，还是在 KD 指标底背离时买入，都是稳当的操作手法，如图 7-94 和图 7-95 所示。

图 7-94　四川长虹（600839）买入机会出现

图 7-95　四川长虹（600839）各指标也同步看涨

5月9日，20日均线向下跌穿90日均线形成两条均线"死亡交叉"，这正是我们买入的机会，随即在尾盘前以接近收盘价的价位买入一成。

由于预计还将处在盘整区间较长一段时间，所以我们计划逐步买入以致全仓操作。

自从4月下旬之后，行情就进入了一个长期的横向盘整区间，持续时间差不多有三个月之久，其间很多个交易日的成交额都是极小的，暗示这个区间属于震仓的盘整行情，所以我们完全有理由在这个区间内分批买入，乃至满仓操作。

图7-96所示数字就是我们计划买入的次序，基本上都买在了区间的较低价位。合计一下平均成本价为3.08元，是个相当低的价位。

图7-96　四川长虹（600839）低位买入机会不少

就平均成本价来说，基本上在整个区间的中下游水平，这说明我们建仓的成本价相对较低，做得已经非常好了，而且这个价位差不多与20日均价扯平，如图7-97所示。

7月30日，一只大阳线快速突破了这个盘整区间上缘，并且收盘后成功带量突破了这一盘整区间，如图7-98所示。

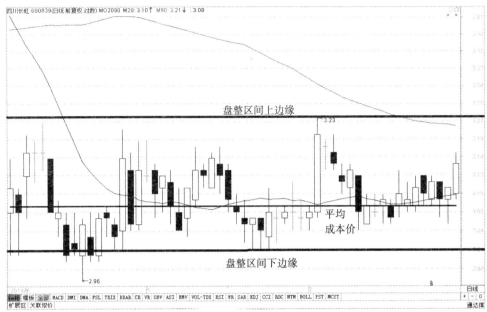

图 7-97　四川长虹（600839）多次买入后的平均成本

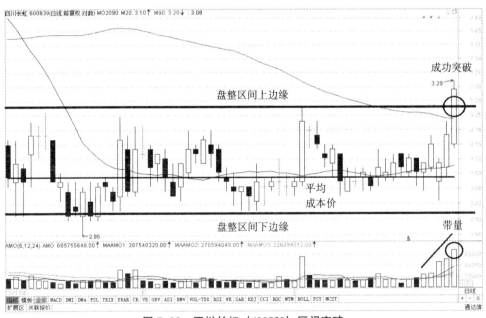

图 7-98　四川长虹（600839）区间突破

　　上午还具有压制作用的区间上缘价位，到了下午便被带量突破成功，说明震仓行情可能已经结束，将要进入主升段了，如图 7-99 所示。

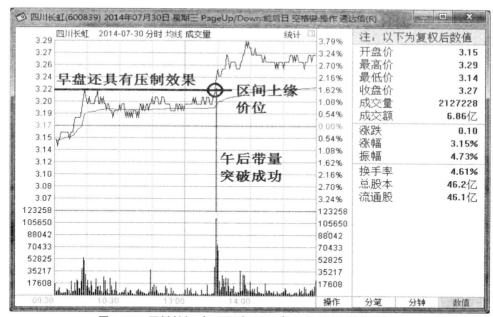

图 7-99　四川长虹（600839）2014 年 7 月 30 日分时图走势

果然，在随后的走势中，股价节节攀升，如图 7-100 所示。

图 7-100　四川长虹（600839）走势

8月12日报收一只大阳线，封死涨停板。

该日上午还仅仅是上涨1%多点，但我们的两条开盘价均线却早已发出"今日收盘价附近卖出"的信号来，所以，虽然今日早盘涨幅较小，但我们不要过早地卖出手上的股票，如图7-101所示。

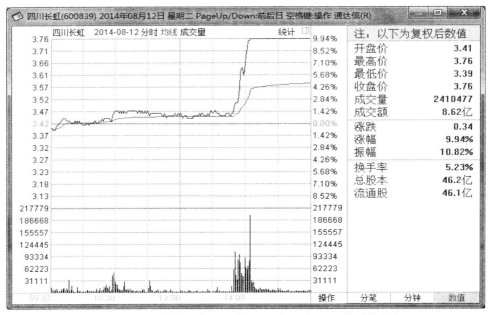

图7-101　四川长虹（600839）2014年8月12日分时图走势

这次就是个好例子，我们等到收盘前再卖出，正好今日尾盘突然封住涨停板，我们可以在涨停板上等着别人来抢我们的股票，而不用担心卖不出去。

整体上来说，我们先是买到了一个震荡区间的较低价，然后卖在了一个封住涨停板的交易日，这是一次不错的交易，虽然利润率不高，如图7-102所示。

不过对2014年来说，大盘走势也不怎么好，所以能赚到钱总比亏钱来得好。不能老想着行情会像2006年、2007年那样暴涨。

不专注于超短线的投资者可以转到周线或更长周期的K线上看，这些指标在不同的周期下会有不同的视角。图7-103显示了在周线视角下，持有这只股票可以到现在和以后，直到有指标发出卖出信号为止。

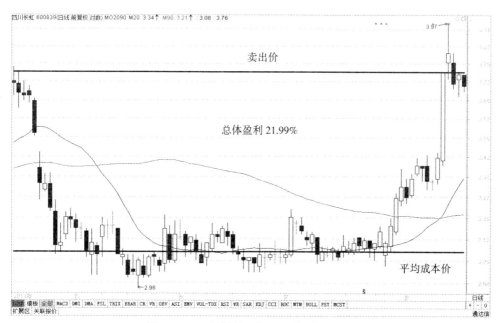

图 7-102　四川长虹（600839）交易回顾

图 7-103　四川长虹（600839）走势

六、案例六——澳洋顺昌（002245）

图 7-104 是个股澳洋顺昌（002245）2014 年下半年的走势图，绝大多数交易日都维持在一个区间里。

图 7-104　澳洋顺昌（002245）走势图分析

11 月 18 日的那根突破大阳线也未能带出更大的成交量来证明突破的有效性，所以我们认为这次的突破是虚假不可靠的，不应该盲目去追高买高。

随后不久，行情虽然在盘整区间上缘站立了两周多的时间，但整体来说整个盘整期间成交量仍处低迷状态，所以我们怀疑这又是一次震仓洗盘的表演。

只要未来行情仍处在该震荡区间中，而且未来在区间内出现均线的死叉形态，就可以在相对低的价位买到筹码了。

通过观察布林线指标、MACD 指标、KD 指标后得出股价比较符合布林通道走势的结论。后市可以关注该股在布林通道内的走势，如图 7-105 和图 7-106 所示。

图 7-105　澳洋顺昌（002245）成交量分析

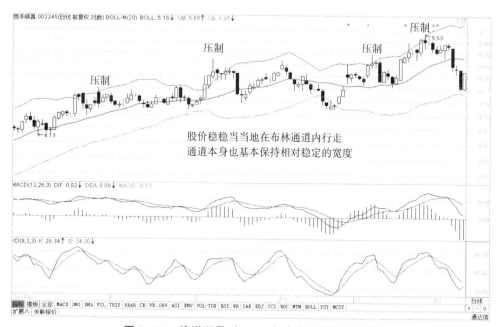

图 7-106　澳洋顺昌（002245）各指标走势图分析

次日，股价再收一根大阴线，收盘进入区间中段，同时跌穿 90 日均线价位，如图 7-107 所示。

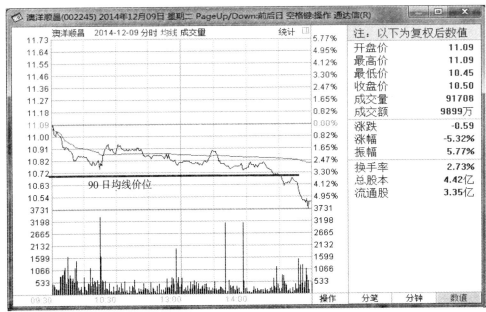

图 7-107　澳洋顺昌（002245）2014 年 12 月 9 日分时图走势

当日虽然开盘后低走，股价一度下跌到 3%，但始终能在 90 日均线价位上得到某种支撑，使股价没有跌破该均线价位，直到尾盘最后的半个小时，90 日均线终于"晚节不保"，均价失守，加快了未来均线发生死叉的脚步。

之后，行情在一周时间内反弹至盘整区间上边缘，但没有坚持多久，并且连续两个交易都被 20 日均线压制下来，之后就一泻千里似的直接回调至区间的下边缘，如图 7-108 所示。

不久后我们期望的均线死叉发生了，买入价正好是区间下边缘附近，是个非常低的价位 9.96 元。

由于上方的下降趋势不断缩小价格的变动范围，所以我们这次计划只买入一成仓位，不再理会后续的买入信号。

2015 年 1 月 6 日，新年伊始，股价乘着新年新气象之势，一举穿越下降趋势的压制，标志着行情主调向看多做多方向转换，不久将进入主升段，如图 7-109 所示。

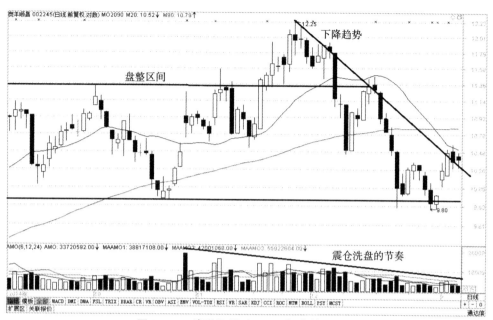

图 7-108　澳洋顺昌（002245）走势图分析

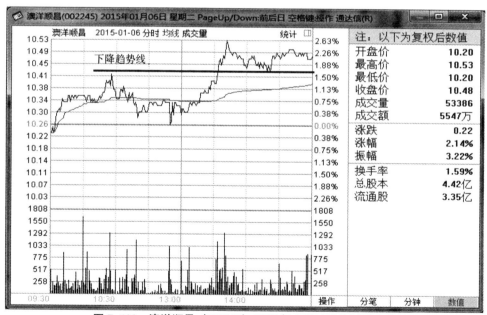

图 7-109　澳洋顺昌（002245）2015 年 1 月 6 日分时图走势

　　随后的两个交易日进入最后震仓阶段，被逼出的筹码越来越少，说明距离拉升行情越来越近了，如图 7-110 所示。

图 7-110　澳洋顺昌（002245）突破

此时股价距离我们的买入成本价已拉开了 4 个百分点，相对比较安全了。

1 月 9 日，股价带量直破 20 日均价线，但在高位由于受到 90 日均价的压制而小幅回落，如图 7-111 所示。

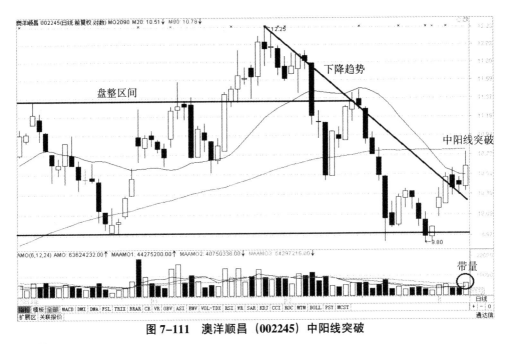

图 7-111　澳洋顺昌（002245）中阳线突破

当日分时图上看，股价很轻松地突破了 20 日均价，说明 20 日均价已经失去了压制作用，反而是行情试图上破 90 日均价时受到阻碍，并且导致尾盘行情有所回落，如图 7-112 所示。

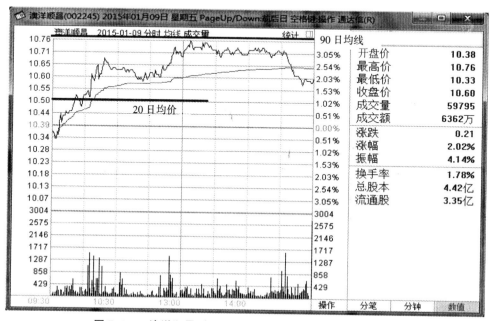

图 7-112　澳洋顺昌（002245）2015 年 1 月 9 日分时图走势

次日行情平开走高，带着前日两倍的成交量突破了 90 日均价价位，如图 7-113 所示。

分时图上看，早盘一开始就带量突破了 90 日均价的压制，并迅速获得强力支撑，午盘后直奔 7% 涨幅而去，如图 7-114 所示。

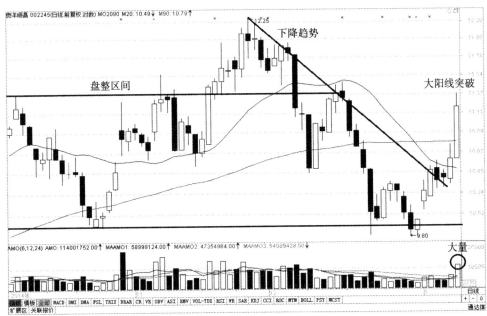

图 7-113　澳洋顺昌（002245）大阳线突破

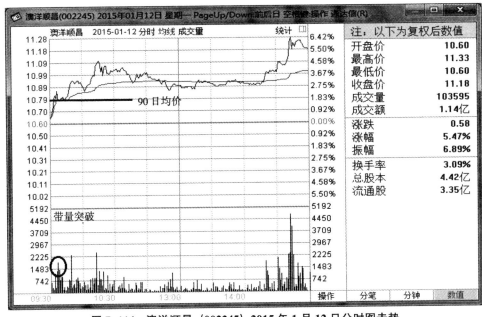

图 7-114　澳洋顺昌（002245）2015 年 1 月 12 日分时图走势

　　随后的三个交易日里，行情进入新的窄幅盘整行情中，伴随的成交量并不大而是越来越少，说明这只是上涨中继形态而已，后市继续看涨，如图 7-115 所示。

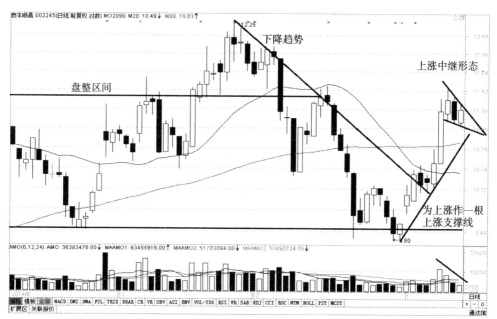

图7-115 澳洋顺昌（002245）走势图分析

1月16日报收的小阳线勉强突破了这个短暂而狭窄的盘整区间，总算站于其上，为未来继续上涨打下基础，如图7-116所示。

图7-116 澳洋顺昌（002245）走势图分析

我们的卖出原则是卖出信号不管是什么，谁先发出就卖出全部持有的股票。

20 日，行情报收一只大阳线，带的量比上涨以来的每个交易日都高，具有大涨的预示作用，如图 7-117 所示。

图 7-117　澳洋顺昌（002245）带量突破的大阳线

就当日分时图来说，上午盘一直在狭窄的区间内震荡，并且成交量逐步减少，这又是一次盘中的洗盘行为，随后到了午盘，每次拉升价位都有大额成交出现，可见未来大涨行情可期待，如图 7-118 所示。

不出所料，次日行情跳空高开走高，成交量也较上一交易日有所增加，虽然没有上涨多少，但其势能还是足以支撑未来继续上涨的势头，如图 7-119 所示。

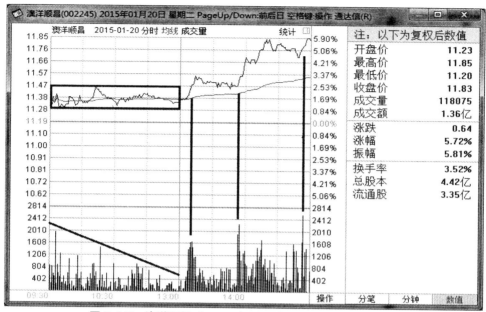

图 7-118　澳洋顺昌（002245）2015 年 1 月 20 日分时图走势

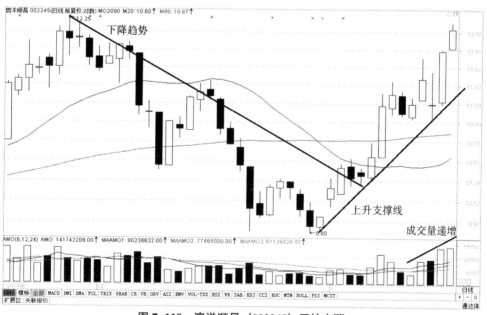

图 7-119　澳洋顺昌（002245）开始大涨

查看布林线指标和 MACD 指标，可看到股价在突破布林线上边缘时仍受到不同程度的压制，虽然这样但是 MACD 指标的红柱开始加速变长，有加速上升之势，如图 7-120 所示。

图 7-120　澳洋顺昌（002245）MACD 和布林线指标分析

　　1 月 22 日，股价不负众望，直奔涨停板而去。前期高点的水平压制被轻易突破，如图 7-121 所示。

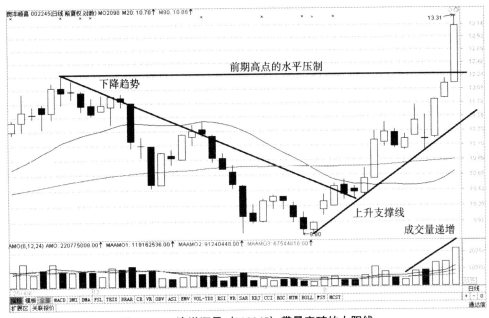

图 7-121　澳洋顺昌（002245）带量突破的大阳线

一般来说前期高点都具有一定的压制作用，但今日该股盘中在这一水平价位上并未遇到强有力的抵抗，可见一致看多做多的人数在不断增加，这对后市持续上涨极为有利，如图 7-122 所示。

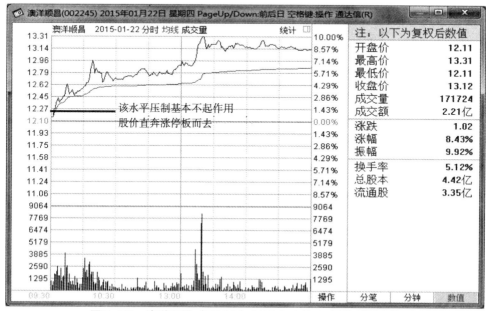

图 7-122　澳洋顺昌（002245）2015 年 1 月 22 日分时图走势

23 日，开盘小幅回调后不久便再奔涨停板而去，然而没有成功上冲，仅至 7% 的位置便受到阻滞，股价又开始回落，尾盘报收一只中阳 K 线，另外成交量较此前有所增加，后市仍然看涨，如图 7-123 和图 7-124 所示。

鉴于目前已经出现均线的金叉，虽然没有跌破上升趋势线，但我们之前计划好的，以最先出现的卖出信号卖出手上的股票，所以今日出现的均线金叉卖出信号就意味着可以卖出全部筹码，将账面利润落实到口袋中，如图 7-125 和图 7-126 所示。

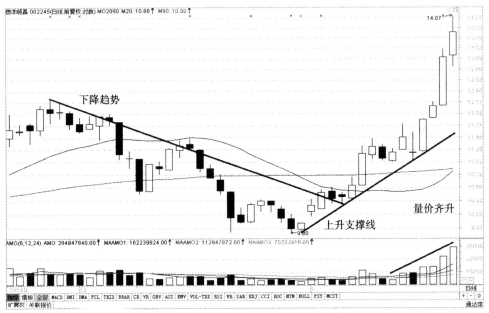

图 7-123 澳洋顺昌（002245）拉升走势

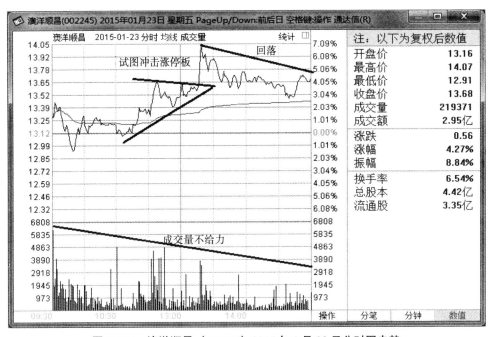

图 7-124 澳洋顺昌（002245）2015 年 1 月 23 日分时图走势

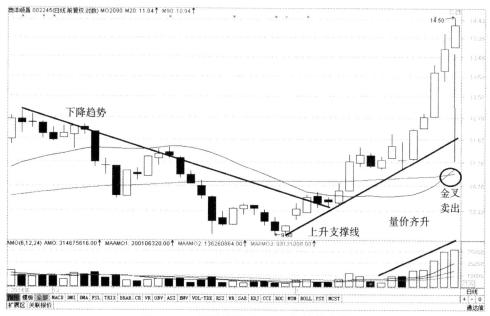

图 7-125　澳洋顺昌（002245）均线金叉

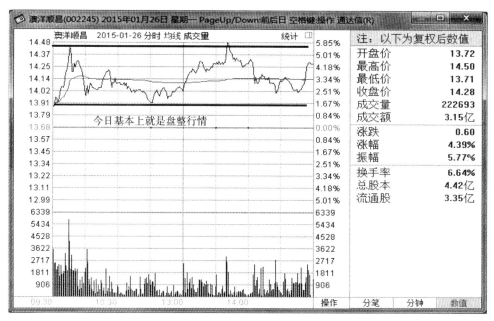

图 7-126　澳洋顺昌（002245）2015 年 1 月 26 日分时图走势

这次交易我们获利 43%，利润也不低，如图 7-127 所示。

图 7-127 澳洋顺昌（002245）交易回顾

如果用别的指标操作，则可以看到股价在加速上升，但是 MACD 加速度指标却显示行情不久将会减速甚至下跌，如图 7-128 所示。

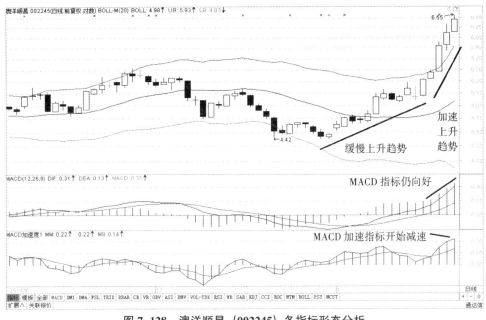

图 7-128 澳洋顺昌（002245）各指标形态分析

　　果然，就两个交易日，股价跌回布林通道内，并且可以看到 MACD 指标红柱已经开始明显且幅度较大的回落，这是卖出信号，如图 7-129 所示。

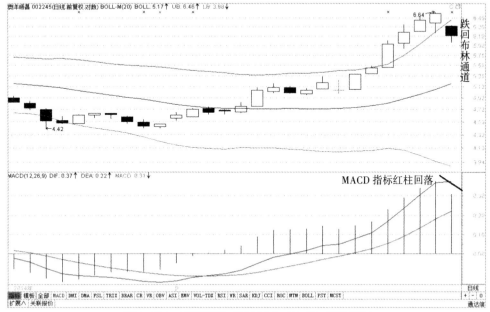

图 7-129　澳洋顺昌（002245）MACD 红柱缩短

七、案例七——*ST 中毅（600610）

　　先看看 *ST 中毅（600610）这只个股最近几年的走势，从图 7-130 中可以发现它最近的走势处于特殊的下降通道中，形状像向下的弧形，状如加速下跌。

　　我们再来观察同期的大盘走势，从图 7-131 中看，大盘一直处于长期的下降通道中，近期还不断创出新低，对比而言，个股 *ST 中毅弱于大盘。

　　虽然该股强度不如大盘，但就走势来说个股处于加速下跌的下降通道中，所谓物极必反，有可能转跌为涨，如果看好这只股票的话，应该关注它在通道内的成交量变化。

图 7-130　*ST 中毅（600610）走势图分析

图 7-131　上证指数走势图分析

　　从通道内的走势分析，历次回调的同时，成交量均出现明显缩减，可见洗盘迹象明显，未来期待此通道上边界被有效突破，方可作为买进预警信号，一旦出现均线死叉，才可以按反向操作法则分批买进，如图 7-132 所示。

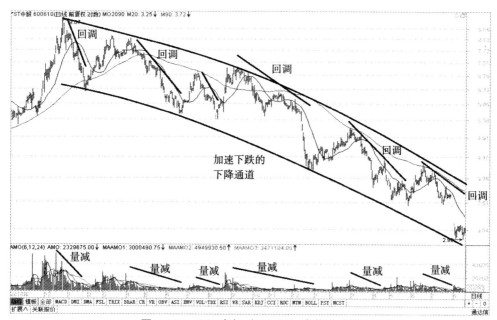

图7-132 *ST中毅（600610）走势图分析

2012年9月至10月，股价向上突破了该加速下滑的下降通道上边界，已经发出了买入预警信号，下一步就要等待均线死叉的买入信号了，如图7-133和图7-134所示。

图7-133 *ST中毅（600610）突破

图 7-134   *ST 中毅（600610）股价与均线分析

11 月中旬，在经过 ">" 形盘整后股价选择向下跌破，导致 20 日均线调头向下，随后在 11 月 29 日两条均线发生死叉买入信号，并且 MACD、KD 两指标也都同时出现底背离看涨信号，故此我们有更大的信心依照原计划在当日接近尾盘时买入，买入价约为 3.27 元，如图 7-135 所示。

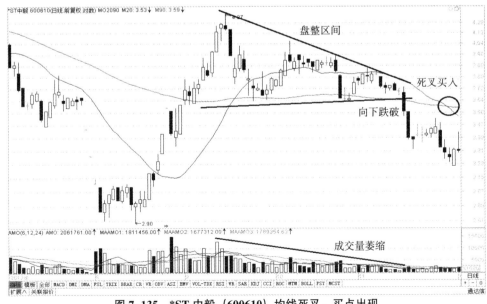

图 7-135   *ST 中毅（600610）均线死叉，买点出现

12 月 5 日该股小幅低开不久马上拉升翻红，上午盘临近结束前上涨了 3%，90 日均线还具有压制作用，到了下午 90 日均线被直接突破，后股价一直未再跌破 90 日均线，可见该均线已由压力线转换为支撑线，支撑着股价今后继续向上攀升，下个交易日就是我们计划中的第二次买入日期了，如图 7-136 至图 7-138 所示。

图 7-136　*ST 中毅（600610）走势图分析

图 7-137　*ST 中毅（600610）多指标同步看涨

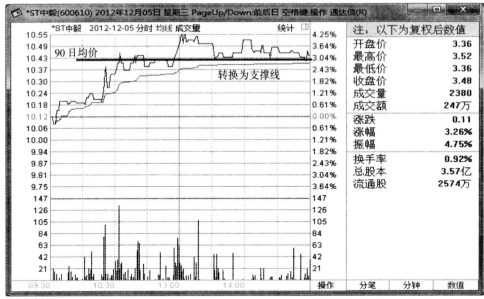

图 7-138 *ST 中毅 (600610) 2012 年 12 月 5 日分时图走势

6 日早盘稍稍低走后不久，马上突破了 20 日均线，随后试图再破下降趋势线没有成功，回调至 20 日均线并得到 20 日均线的支撑，不久得到 20 日均线支撑的行情再次向下降趋势线行进，虽然没有成交量的支持，但股价笔直向上突破了这条下降趋势线的压制并顺势再破 90 日均线，如图 7-139 和图 7-140 所示。

图 7-139 *ST 中毅 (600610) 带量大阳线

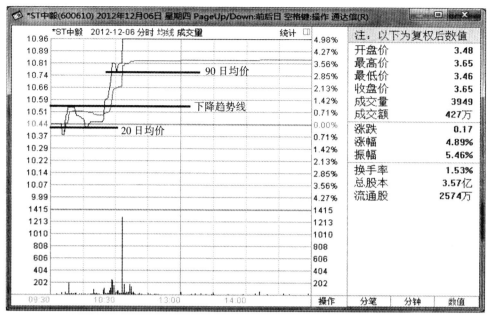

图 7-140 *ST 中毅（600610）2012 年 12 月 6 日分时图走势

在一个小时后直接强势封在涨停板上，一般个股涨停板为 10%左右；ST 股涨停板为 5%左右。该股当时属于 ST 股，所以涨足 5%即属涨停。

当日强势大涨，也正是我们之前计划的第二次买入机会，买入价格为当日收盘前最后几分钟的价位，可惜当日封住涨停板，很难再有机会成交。鉴于这种特殊情况，我们留在下个交易日继续买入，如图 7-141 所示。

7 日继续上个交易日没有完成的买入操作，价格在 3.74 元左右，如图 7-142 所示。

图 7-141 *ST 中毅 (600610) 买入

图 7-142 *ST 中毅 (600610) 继续买入

13 日是第三次买入时间，但这次的价格距离此前买入的平均成本价较高，风险较大，不适合再追加买入，所以今后不再进行买入操作。

"买 3"信号就此取消，持股到卖出信号发出。

20 日两条均线发生金叉，按反向操作法则该卖出，但按灵活操作法则要视大盘走势是否向好，通过观察同期大盘已经突破下降通道，可知今日该股金叉不该卖出而应该改用正向操作法则，即金叉当日不再卖出也不再买入，而是将卖出信号推迟到两条均线发生死叉时，如图 7-143 和图 7-144 所示。

图 7-143　*ST 中毅（600610）卖出分析

图 7-144　上证指数趋势线分析

2013 年 2 月 6 日该股走出 ">" 形盘整形态，同时成交量不断缩减，行情很可能将要变盘，期待股价向上还是向上突破，以此决定未来股价的走向，如图 7-145 所示。

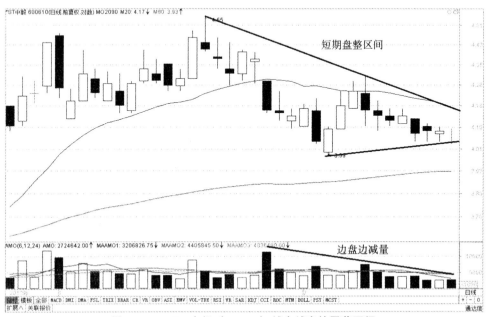

图 7-145　*ST 中毅（600610）越来越窄的震荡区间

27 日，该股尾盘再次尝试向上突破 20 日均价，虽然带量但未能成功站稳 20 日均线之上。股价仍然被挤压在 ">" 形盘整区间之内，继续等待行情最终选择突破的方向，如图 7-146 和图 7-147 所示。

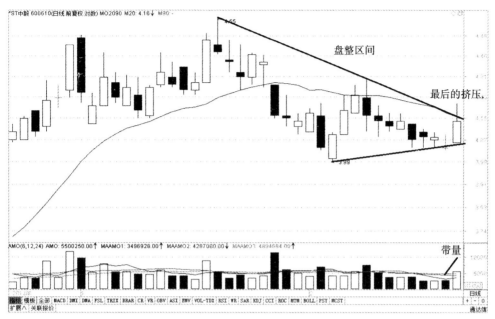

图 7-146 *ST中毅（600610）收窄的区间压制股价

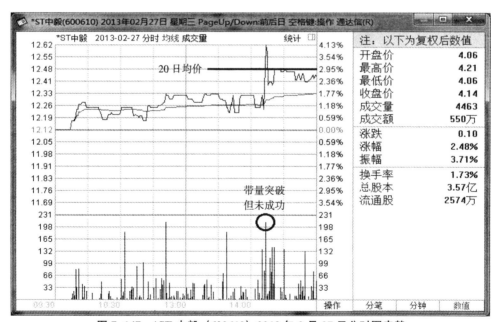

图 7-147 *ST中毅（600610）2013年2月27日分时图走势

28日终于再放大量直接选择了向上突破大涨4%，如图7-148所示。

图 7-148　*ST 中毅（600610）突破

3 月上旬，该股连续上涨，隐约走出一条短期上升趋势来，连续的放量支持着行情连续走强，但涨停被直接封住，使成交量锐减，未来会有所回调整理，如图 7-149 所示。

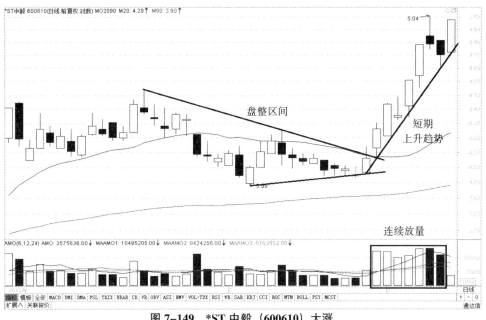

图 7-149　*ST 中毅（600610）大涨

至 4 月中下旬，股价开始横向整理盘整，在 4 月 24 日股价连续突破原矩形整理区间上边界和新作的短期压制线，可见行情又要开始新一轮的上升涨势了，如图 7-150 所示。

图 7-150　*ST 中毅（600610）高位再次突破

截至 2013 年 11 月，该股连续上涨接近 8 元，相较我们的买入成本价累计涨幅约 125%，如图 7-151 所示。

2015 年 1 月 21 日，20 日均线和 90 日均线几乎就要发生死叉信号，可是开盘后最低价到达 90 日均价后便开始大力反弹，再次将两条均线拉开，使我们的持股时间又向后推迟，允许我们持股更长时间，而且有更大概率追踪股价到更高价位，如图 7-152 所示。

图 7-151 *ST 中毅（600610）耐心持股

图 7-152 *ST 中毅（600610）均线形态分析

截至 2015 年 3 月 5 日，当前股价为 9.79 元，账面盈利约 179%，未来还有可能赚到更大的利润，让我们拭目以待，如图 7-153 所示。

图 7-153 *ST 中毅（600610）走势图分析

后　记

　　指标是死的，人是活的，指标由人所造，指标可以有无数个，但思路始终如一，那就是大势。月 K 线、季 K 线、年 K 线，这些也是大势，但不太直观。相比较而言，均线指标最为直观。绝大多数的技术指标都或多或少地使用了均线理论或计算方法，技术指标也都是建立在均线指标的基础上。均线又是描述趋势大势的最好指标，投资者学好均线指标，再学其他指标就相当简单了。